中小企業の「DX」営業マニュアル

~「オンライン展示会」をきっかけにしたスムーズな営業改革術 ~

株式会社展示会営業マーケティング
代表取締役 清永 健一
Kenichi Kiyonaga

はじめに
～新型コロナが営業現場の常識を一変させた～

本書を手に取っていただきありがとうございます。著者の清永健一《きよながけんいち》と申します。

私は、日本唯一の展示会営業®コンサルタントとして、日々、中小企業の営業現場に入り、業績アップや社内改革のサポートをしています。

これまでに、全国各地の１３００社を超えるさまざまな規模、業種業態の中小企業の売上アップのご支援をさせていただいています。

世界からも勤勉と賞される日本人ですが、コンサルタントとして各社に赴いて強く思うのは、「どの会社も熱い想いを持って、真摯に事業に取り組んでおられる」ということです。

しかしながら、新型コロナウィルス（以下コロナ）は、私たちの世界を急激に変化させました。

できるだけ他者との接触を避けることが正しいとされ、外出時のマスク着用がマナーになりました。ビジネス界ではテレワークが急速に普及し、これまで当然だった「出社してマジメに働く」というスタイルが、ここ日本でも大きく変わりつつあります。それに伴い、企業のＤＸ（デジタルトランスフォーメーション）化がしきりに言われ始め、デジタル改革担当大臣のポストが新設されました。

●接触自粛。会いに行くのが仕事だったのに「来るな」と言われる営業マン

私が主戦場にしている**中小企業の営業現場は、コロナの影響を特に大きく受けました。**

これまで、営業マンの仕事は、「客先に訪問すること」でした。たいした用事がなくても、「御社の近くに行く用事があるので、ちょっとお寄りしてもいいですか？」と言いながら上手くアポイントを取り、対面で会うことができたら世間話をしつつ、会話の中から相手のニーズを引き出して、商材の販売につなげていく・・・これが、コロナ前の優秀な営業マンのセオリーだったのです。

顧客側も、「営業マンが来ること」を当たり前と捉えていました。営業マンが訪問せず、メールや電話で用件をすませようとすると、「あれ？　来てくれないの？　手抜きなの？」と皮肉のひとつも言われたものです。

ところが、**コロナが営業現場を一変させました。**

「ちょっとお寄りしてもいいですか？」

「ごめんなさい。総務から『**コロナ下なので社外の人間とは極力対面で会うな**』と言われていまして・・・」

と、営業マンの訪問依頼は、かなりの確率で断られるようになってしまったのです。

「対面で直接会えないのなら、ZOOMなどのWEB会議システムを使ってオンライン商談をすればいいじゃないか」

こんな声が聞こえてきそうです。でも、そううまくはいきません。

コロナ下でのコミュニケーションの救世主と言われている**ZOOM等のオンラインツールには、決定的な弱点**があるのです。それは、**世間話ができない**という点です。

なぜなら、オンライン商談には、議題が必要だからです。

営業マンが見込み客に電話した際に、これと言った議題もなく、「とりあえずZOOMで打合せをしましょう」と言っても、「何のために？　議題はなんですか？」と聞かれてしまいます。

苦し紛れに、「意見交換をさせていただきたいと思いまして・・・」とでも言おうものなら、「意見交換ですか？　いえ、忙しいので結構です、用件が決まりましたらまたお知らせください」と断られてしまいます。

『上手くアポイントを取って、世間話をしつつ、会話の中から相手のニーズを引き出して、商材の販売につなげる』

この従来の営業マンの**黄金の成功パターンが、通用しなくなってしまった**のです。このことが企業を苦しめています。

●停滞ムード・・・だんだん勢いがなくなる。そして・・・

企業経営には勢いが必要です。ところがコロナ下では、企業は勢いを奪われてしまいます。

「自分がコントロールできない何かによって、やろうとしていたことができなくなる」ということを繰り返し経験すると、人間は自己効力感を失い、無力感にさいなまれます。無力感を抱く社員が増えると、会社から勢いがなくなり、停滞ムードに陥ってしまうのです。

実際に、コロナ下では、自己効力感を失う出来事が頻繁に起こっています。

私のクライアントである兵庫県の機械製造業B社さんは、**展示会に向けて1年前から着々と準備**を進めておられました。魅力的なコンセプトをつくり周到な出展計画を立て、粛々と実行していたのです。**展示会開催日の1か月前には準備万端整って、大きな成果が出ること、間違いナシ！** という状態でした。

ところが、コロナ下の自粛要請によって、展示会が中止になってしまいました。肝心の展示会が開催されなければ、B社は成果の出しようがありません。1年にも及ぶ準備が完全に無駄になってしまったのです。

展示会を中止にする判断は、展示会主催者が行いますから、B社ではコントロールすることができません。コロナ感染拡大を防ぐために中止するという主催者の判断は、当時の社会情勢を考えると妥当なものですから、主催者を責めることもできません。

「せっかく準備してきたのに、ムダになった」
「展示会後の売上計画をすべて白紙にして考え直さなくては・・・」
「悔しい・・・絶対に大きな成果が出ると確信していたのに」

口々に言っていたB社の社員さんの**悲しそうな姿が今でも目に焼き付いて離れません。**精一杯取り組んでいた分だけ落胆も大きくなります。1年以上ご支援していた私も言葉では言い表せないほど無念な気持ちになりました。

このように**無力感にさいなまれた人が集まった会社では、挑戦的な取り組みや新しい施策が行われなくなります。**コロナが一変させた世の中では、これまで以上に新しい取り組みが必要であるにもかかわらずです。

こうして、会社から勢いがなくなっていきます。そして、勢いがなくなった会社はやがて停滞し、停滞し続けた先に待っているのは死です。

「この状況を黙って見ていることは許されない！」

日本唯一の展示会営業®コンサルタントとして、私は強い使命感に奮い立ちました。

コロナなどの感染症、災害や天変地異に左右されず、接触自粛状態が永遠に続いたとしても売上を上げることが可能で、第三者に影響されず100％自社でコントロールでき、社内に勢いを取り戻すことができる、まったく新しい営業手法が必要なのです。

「そんな夢みたいな方法、あるわけないじゃないか！」

そう思われるでしょう。でも、あるのです。しかも、この営業手法を実践すれば、それが、そのまま会社のＤＸ化につながる非常にスムーズな方法なのです。

●「通常業務」をしているうちに営業の「ＤＸ」化が完了する、『自前オンライン展示会』の正体とは？

ご存知の通り、ＤＸとは、デジタルトランスフォーメーションの略です。

コロナ下以降、この「ＤＸ」や「ＤＸ化」という言葉をＴＶや新聞で耳にする機会が急増しています。

経済産業省が２０１８年12月に発表した「ＤＸ推進ガイドライン」によると、**ＤＸとは、「企業がビジネス環境の激しい変化に対応し、データとデジタル技術を活用して、顧客や社会のニーズを基に、製品やサービス、ビジネスモデルを変革するとともに、業務そのものや、組織、プロセス、企業文化・風土を変革し、競争上の優位性を確立すること」**と定義されています。

コロナは、企業のＤＸ化を一気に加速させました。**マイクロソフトCEOのサティア・ナデラ氏**は、２０２０年４月に行われた決算発表の場で「２年分のデジタルトランスフォーメーションがこの2カ月で起きた」と語り、注目を集めました。

コロナがもたらした接触自粛という習慣と〝デジタル〟という言葉が感覚的に結びつきやすいこともあり、「DX化が急務だ！」「DX化こそが日本企業の活路だ」「DX化に乗り遅れた会社は生き残ることができない」などと、ビジネス界でも声高に言われています。

私もDX化の推進が今後の企業経営において重要テーマだという点については、100％同意しています。

しかし、規模の大小を問わず一様にされているDX化の進め方や取り組み方については、少し疑問があります。なぜなら、大企業と比べて中小企業ではDX化が進めにくい面があるからです。

このことは、具体的な数値として表れています。【『日本企業の経営課題2020』調査結果【第2弾】DX（デジタル・トランスフォーメーション）の取り組み状況（一般社団法人日本能率協会）】によると、DXについて、「既に取り組みを始めている」と「検討を進めている」の合計が、大企業は83・2％なのに対して、中小企業では

企業規模別DXへの取り組み状況

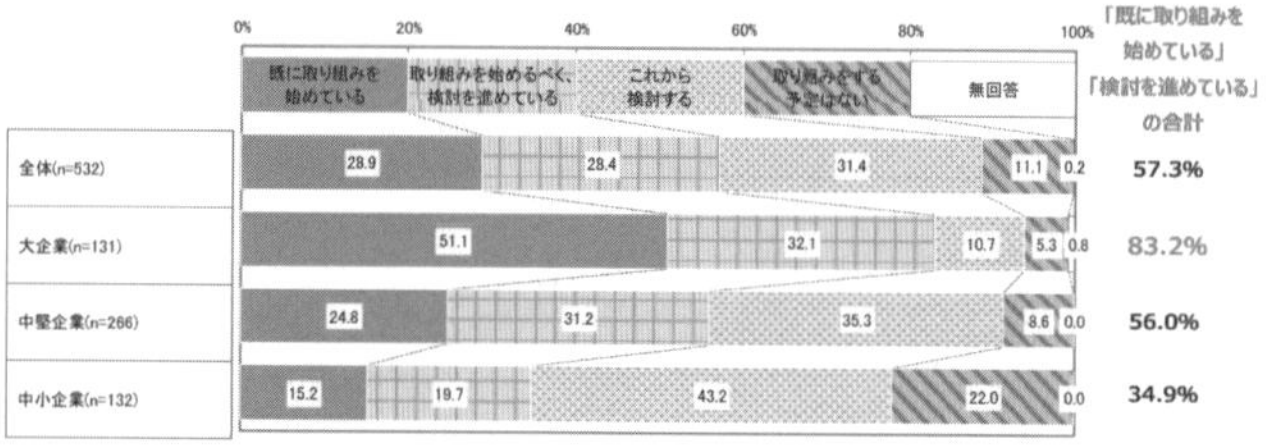

『日本企業の経営課題2020』調査結果【第2弾】DX(デジタル・トランスフォーメーション)の取り組み状況
一般社団法人日本能率協会

34・9%に過ぎません。

　このようになるのは、DX化の進め方に原因があるからです。

　世のDX指南論を見ると、「DX推進部門をつくりましょう」「DX担当役員を置きましょう」「社内制度をDXに適する形に変更しましょう」「IT環境を整備しましょう」とあります。

　人材も資金も潤沢にある大企業なら良いのです。しかし、**多くの中小企業には、「DX推進部門を新設」する人的余裕はありません。**「社内制度の変更」と言われても、そもそも現行の社内制度があってないようなものだったりします。「IT環境を整備」する資金的余裕もなく、コロナで急激に業績が落ちている現状、後回しにならざるを得ません。

DX化は、目的ではなくて手段です。もっと、中小企業にも取り組みやすいDXの進め方があって良いはずです。**DX化を新規業務改革として取り組むのではなく、営業をはじめとした既存の業務の経験を活かしつつ、「少しアレンジして」行うことで結果的にDX化が進んだ、**ということになるのがベストなのです。

それこそが本書でお伝えしていく、営業戦略や営業体制の「DX」化をスムーズにおこなっていくためのツールとなる『自前オンライン展示会』の開催なのです。

中小企業には、きめ細かな対応力や小口受注に対する高い柔軟性など、大企業にはない強みがあります。『自前オンライン展示会』の開催を通じた「DX」化なら、これらの強みをフル活用することができます。

そして、『自前オンライン展示会』なら、実行のための**費用がほとんどかからず、100%自社でコントロールすることができるのです。**

経済産業省の「DX推進ガイドライン」では、DX推進のための経営のあり方、仕組みを次ページの上の図のように図解しています。

注目していただきたいのは、もう一つの下の図です。詳しいノウハウや実行方法は本章で解説していきますが、この5つの項目は『自前オンライン展示会』を開催していくことで自然と整っていきます。

例えば、「1．経営戦略・ビジョンの提示」については、『自前オンライン展示会』開催の際につくる「出展コンセプト検討シート」（2章参照）から導き出されるコンセプトと符合します。

経済産業省の定義の通り、既存のビジネスをそのままデジタル化するのではなく、製品・サービス、ビジネスモデルを顧客ニーズに変革することがDX化です。

自前オンライン展示会も、コンセプトの検討を通じて、既存の枠組みにとらわれず、

・自社が誰のどんな悩みを解決するのか？

・そのために、自社は、見込み客にどのような情報提供をすれば良いのか？

を考え抜き、決定していきます。これはまさに「1．経営戦略・ビジョンの提示」

DX推進のための経営のあり方、仕組み

（1）DX推進のための経営のあり方、仕組み
1．経営戦略・ビジョンの提示
2．経営トップのコミットメント
3．DX推進のための体制整備
4．投資等の意思決定のあり方
5．DXにより実現すべきもの：
スピーディーな変化への対応力

経済産業省
「DX推進ガイドライン」
2018年12月より

『自前オンライン展示会』開催5フェーズが経済産業省「DX推進ガイドライン」と合致

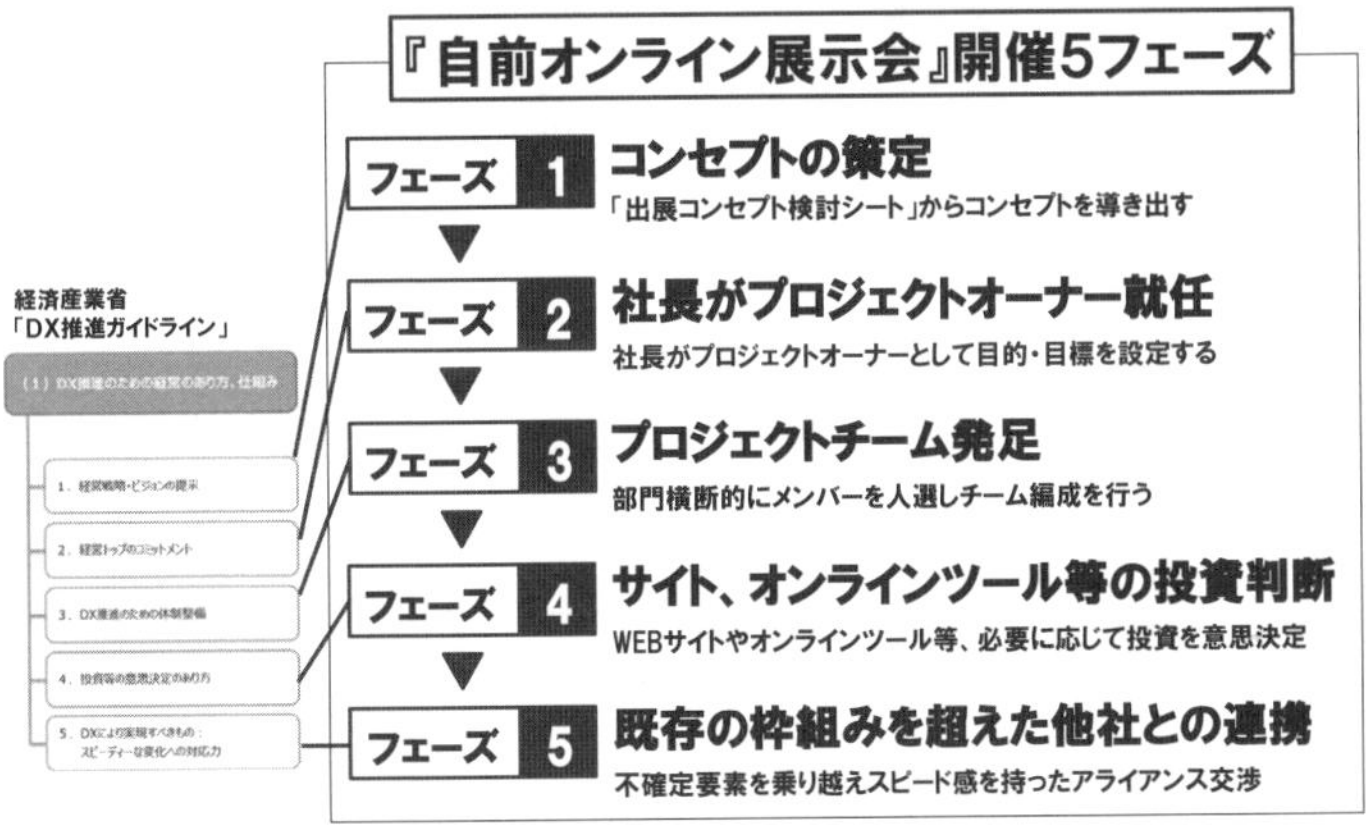
『自前オンライン展示会』開催5フェーズ
経済産業省
「DX推進ガイドライン」
（1）DX推進のための経営のあり方、仕組み
1．経営戦略・ビジョンの提示
2．経営トップのコミットメント
3．DX推進のための体制整備
4．投資等の意思決定のあり方
5．DXにより実現すべきもの：
スピーディーな変化への対応力
フェーズ 1
コンセプトの策定
「出展コンセプト検討シート」からコンセプトを導き出す
フェーズ 2
社長がプロジェクトオーナー就任
社長がプロジェクトオーナーとして目的・目標を設定する
フェーズ 3
プロジェクトチーム発足
部門横断的にメンバーを人選しチーム編成を行う
フェーズ 4
サイト、オンラインツール等の投資判断
WEBサイトやオンラインツール等、必要に応じて投資を意思決定
フェーズ 5
既存の枠組みを超えた他社との連携
不確定要素を乗り越えスピード感を持ったアライアンス交渉

に当たります。

『自前オンライン展示会』のコンセプト検討は、当然ながら決裁者である経営者が策定にあたっての最終判断をしていきますし、この段階で開催の目的・目標も明確化しますから、「2．経営トップのコミットメント」もクリアされます。

また、開催のために部門横断的なプロジェクトチームを結成しますから、「3．DX推進のための体制整備」も自然とできあがります。

もちろん4、5にも完全に対応しています。詳しくは終章をご覧ください。

このように、**『自前オンライン展示会』開催の5フェーズが、経済産業省が提唱するDX推進のための経営のあり方、仕組みと見事にマッチしているのは、偶然ではありません。ビジネスにおいて共通の結果を目指せば、必然的に答えは同じになるのです。**

「DX」化は企業において様々な恩恵をもたらしてくれます。本書のテーマである「営業」面だけでも、『自前オンライン展示会』開催によって整う「DX」化には、代表的なものだけでも次のようなメリットがあります。

- **コロナなどの災害や天変地異に左右されず、接触自粛状態が永遠に続いたとしても売上を上げることができる**
- **第三者に影響されず100％自社でコントロール可能なので、社内に勢いを取り戻すことができる**
- **余計な時間、費用をほとんどかけずに「時代に合った」新しい営業手法を習得することができる**

本書では、このような数多くのメリットを併せ持つ、**「DX」営業の手法を、ITやオンラインが苦手な初心者の方でも即実践**できるように、具体的にお伝えしていきます。

ぜひ、できる箇所から取り入れていただき、あなたの会社の勢いを取り戻してください。

そして、コロナに負けず力強く業績向上を実現されることを心から願っています。

清永 健一

◆目次◆

第2章 「DX」営業マスターへの道 STEP1 コンセプトづくり

第7章 ここで差がつく！成約率が上がる「オンライン（ZOOM）商談」

終章 ピンチはチャンス！ コロナを会社が強くなるきっかけにする

序章 特別対談

著者 清永健一 × ゲスト 坂口孝則氏

【営業 VS 調達】コロナ下の中小企業の生き残り策とは?

ゲスト：坂口 孝則（さかぐち たかのり）氏

調達・購買コンサルタント。未来調達研究所所属。講演家。2001年、大阪大学経済学部卒業後、電機メーカー、自動車メーカーに勤務。原価企画、調達・購買、資材部門に携わる。製造業を中心としたコンサルティングを行う。著作は、『調達・購買の教科書』（日刊工業新聞社）『1年仕事がなくても倒産しない経営術』（ハガツサブックス）『稼ぐ人は思い込みを捨てる。』『営業と詐欺のあいだ』（いずれも幻冬舎）ほか多数。日本テレビ『スッキリ』のコメンテーターとしても活躍中。

著者（聞き手）：清永 健一（きよなが けんいち）

「展示会やオンライン展示会を活用した売上アップの技術を伝える日本唯一の展示会営業®コンサルタント」として活躍中。中小企業への売上サポート実績は1300社を超える。メディアでは、展示会の第一人者として、民放テレビ番組、NHKラジオ、ビジネス誌などに出演、いま話題のアナリストとして業界活性化に尽力している。著書に『飛び込みなしで「新規顧客」がドンドン押し寄せる「展示会営業®」術』、『展示会のプロが発見！ 儲かっている会社は1年に1回しか営業しない！』（共にごま書房新社）ほか、累計7作。

接触自粛時代！　買う方も、よい売り手に出会えずに困っている

清永：こんにちは、今日はお時間をいただきありがとうございます。どうぞよろしくお願いします。

坂口：こちらこそ、よろしくお願いします。

清永：さて、坂口さんは「調達」コンサルタントですから『買う』の専門家ですね。一方、私は「営業」コンサルタント、つまり『売る』の専門家です。そんな調達の専門家としての坂口さんにお聞きしたいことがあります。

坂口：はい。なんでしょうか？

清永：コロナ以前の営業マンには、「近くに行くので少しだけお時間いただけませんか？　3分だけ、ご挨拶だけでも・・・」と言ってアポイントを取って、そこから上手く商談につなげていくという、昔ながらの名人芸のような手法がありました。ところがそれが、コロナで使えなくなったわけですよね。

坂口：調達部門にとっても、新しい営業マンと出会って、新たな情報を得ていくということが実はすごく重要です。でも、コロナでその機会が奪われてしまいました。その状況で「どうやって新規の調達先を探すか」という問いに対する明確な答えはまだない、というのが調達部門の現状です。しかし、何も手を打っていないわけではありません。キーワードは、「オンラインセミナー」です。

調達部門は、新規の調達候補先と出会う新しい方法を探すために、オンラインセミナーに積極的に参加し始めています。だから、清永さんが提唱しているオンライン展示会

は、調達部門にとって、ひとつのソリューションになりえると感じています。

■自社最高営業！　中小企業はもっと自社の良さを主張するべき！

坂口：本書にはプレスリリースについても記載がありました。なぜ、中小企業はプレスリリースをあまり実施しないのでしょうか？

清永：プレスリリースをするには、まず「当社にはこういう価値がある！」としっかり伝える必要があります。しかし、多くの中小企業さんは、「あなたの要望をおっしゃってください。その要望を全力でかなえます。その上で、当社に価値があるかどうかをあなたが判断してください」という受け身的なスタンスになっています。このスタンスだとプレスリリースを実行できません。これは、すごくもったいないことです。

坂口：おもしろい話ですね。要するに、これまでの御用聞きのような感覚から抜け出せていないから、真のニーズを予想して解決策を仮説として持っていくという動きができてない、ということなのですね。この動き方は、ソリューション営業とか提案営業と呼ばれていますが、できる人が少ないように思います。やはり訓練が必要なのでしょうか？

清永：訓練よりも慣れです。例えば、展示会の現場でも、「なんでもやります」「お客様のニーズに合わせて提案します」「小ロット多品種で様々な案件に対応します！」というメッセージでは誰も立ち止まってくれない。でも、「当社はこういうことを実現できます！」と強い球を投げると「それとはちょっとちがうのだけれど、これはできないかな？」とリアクションが返ってきます。だから、私は、中小企業さんは、もっと堂々と自社の良さや想い・志を主張してほしい、と常々思っています。自社最高営業とでも名付けましょうか。そうしなければ、買い手もニーズを打ち明けることができないのです。

坂口：なるほど。清永さんは、本書でも、営業トークをどの順番で話すかを、細かく伝えていますね。本書に書かれている営業トークを中小企業が身に付けたら、営業スタイルも随分変わってくるだろうなぁとイメージで

きました。「あなたにはこういう暗い未来が待っています」と言うのは言い過ぎだから、他社の事例などを使って言い方をマイルドにしながら・・・。

清永：はい、現状が押し下げられる危険性を示唆します。

坂口：気真面目にやってきた中小企業は、こんなこと、考えたことがないかもしれませんね。

清永：さらに言うと、多くの中小企業は、売れた時に、「ありがとうございます！」と言うだけで、「当社の商品を使って何を実現したいのか」ということに踏み込まずに相手にゆだねてしまっているのです。だから、スペックの説明になってしまう。

坂口：スペック説明ではなく、その道の先生になることが必要ということですね。

清永：はい。その通りです。

■オンラインなら商圏を一気に全世界に広げられる

清永：先日の日本テレビ「スッキリ」で坂口さんは、中国の「独身の日」についてお話しされていましたね。

坂口：11月11日、独身の日ですね。中国ECサイト最大手のアリババが仕掛ける通販サイト爆買いの日ですね。

清永：あのイベントの売上が7兆円でしたっけ？

坂口：最終的には10兆円を超えたようです。

清永：すごすぎますよね。パナソニックの年商以上を、ひとつのイベントだけで売り上げている。あのイベントで多くの企業が活用していたライブコマースという手法があります。

坂口：タレントとかインフルエンサーがライブ動画を配信して、視聴者がリアルタイムに質問やコメントをしながら商品を購入する新しいEコマースの形ですね。このライブコマースで、今や、ショベルカーまで売れています。

清永：建機販売会社がショベルカーを実際に運転しているところを、ライブコマースで配信したという話ですね。

坂口：それを数多くの方が視聴し、相当数売れたと聞いています。

清永：ライブコマースって、今は、化粧品とか衣料のようなＢｔｏＣ商材の売り方として取り上げられていますが、私は、今後、必ずＢｔｏＢの領域でも活用されるようになると確信しています。これがとてもオンライン展示会的だと感じています。

坂口：ライブコマースは、中小企業の身軽さを活かしやすい領域と言えます。中小企業なら社長さんが一言「やろう！」と言えばスタートできますからね。この早さを活かさない手はない。

清永：ライブコマースをやるには、ライブ配信するに足る何かが必要です。何かとは、自社商材が相手にもたらすメリットや想い・志です。だから、さっきの話につながりますが、その道の先生になり、自社最高営業をする必要があるということなのです。

坂口：最近、日本語で話したら5か国語に吹き替え翻訳するサービスが出てきました。1分わずか2千円です。実際に視聴すると少したどたどしかったけれど、十分許容範囲でした。

清永：すごいですね。活用したら越境ＥＣも簡単にできるということですね。商圏を一気に全世界に広げられる！

坂口：オンライン展示会が3時間だったとすると、たった36万円で5か国対応になるということです。私の著書『1年仕事がなくても倒産しない経営術』の中で、中小企業がやる気にさえなれば、ＥＣサイトを一瞬で構築することができるという内容を書いています。それと、オンライン展示会をセットにするると、とてもおもしろいと感じています。

■DX化のために何をやればよいか？本書を読めば明確になる

坂口：「DX」って、言葉だけが先行している感があります。

清永：新聞等で「DX」という言葉を見る機会が急激に増えたことで、「不安だからとりあえずDX化しておきたい」という中小企業が多くなっていますね。でも、これでは、手段と目的が逆です。みなさん、むずかしく考えすぎているのではないでしょうか？本書にも書いていますが、先日、従業員300名以下の中小企業の従業員さん約500名を対象に、「名刺情報をデータ化して全社で共有していますか？」というアンケートを取ったのです。そうすると「すべてデータ化して共有している」という企業は、なんとわずか14・5％しかなかった。

坂口：そんなに少ないのですね。

清永：はい。まずはここからです。むずかしく考えずに、まず営業マンの机の引き出しの中にある名刺を全部データ化して共有する。誰がどう考えてもやっておいた方がいいです。これをやれば、その名刺にメルマガを送ることができる。むずかしく考えずに、こういう即実利を得られるところから、DX化に着手していけばよいのです。

坂口：その際、名刺を見込ランクで分類することは必要でしょうか？

清永：それをやろうとすると、取り組みが進まなくなってしまいます。だから一旦は見込ランク分類はなしでよいです。たとえば、直近の5年間、毎年1回、展示会に出展していた企業があるとします。展示会1回あたりの新規見込み客名刺獲得数を、少な目に見積もって300枚だとすると、その企業には1500枚の新規見込み客名刺があるはずです。これをまずは分類もなしでいいから、すべて電子データ化して全社で共有しましょう、という話です。

データ入力作業は、名刺スキャンアプリを使ってもいいですし、それも手間なら外注しましょう。そして、この1500人に対して、『自前オンライン展示会』の記事や動画の掲載案内をメールしたり、オンラインセミナーへの参加を促すメールを送ったりしていきます。そうすると、「あ〜、この会社は全く見込みがないなぁ」とか「あれ、このメールアドレスには届かないぞ」とか、「この企業はいつも反応がいい。有力見込み先だなぁ」と、だんだん分類ができていくわけです。

坂口：たしかに！　マーケティングオートメーションの考え方で、「反応度によって確度をスコアリングしましょう」とやりすぎると、難易度が高くなってしまいますもんね。まずは社内の埋蔵名刺を電子データ化してメルマガを送るところから始めよう、ということですね。

清永：はい！　おっしゃる通りです！

坂口：それにしても、DX化ってきちんと語れる人がいそうでいない領域ですよね。

清永：はい。多くの論説がまだ概念の域を出ていないと感じています。

坂口：おもしろく語れるなら概念でもよいのでしょうが、おもしろくないし抽象的だし、中小企業からすると「結局何をやればいいんだろう？」となってしまう。

清永：はい。「で、どうしたらいいの？」という中小企業の社長様からの相談メールが弊社にたくさん届きます。だから、この本を書いたのです。コロナ下でも、逆境に負けず一生懸命頑張っておられる中小企業の社長さん、営業マンさんや社員さんを、私は心から応援しています。

坂口：『自前オンライン展示会』に取り組むことで、スムーズにDX化を進めることができる。その具体的なやり方が書かれていますから、本書を読めば、まさに何をやればいいかが明確になりますよね。

清永：この本の内容が一社でも多くの企業さんに届き、お役に立つことを願っています。坂口さん、本日はどうもありがとうございました。

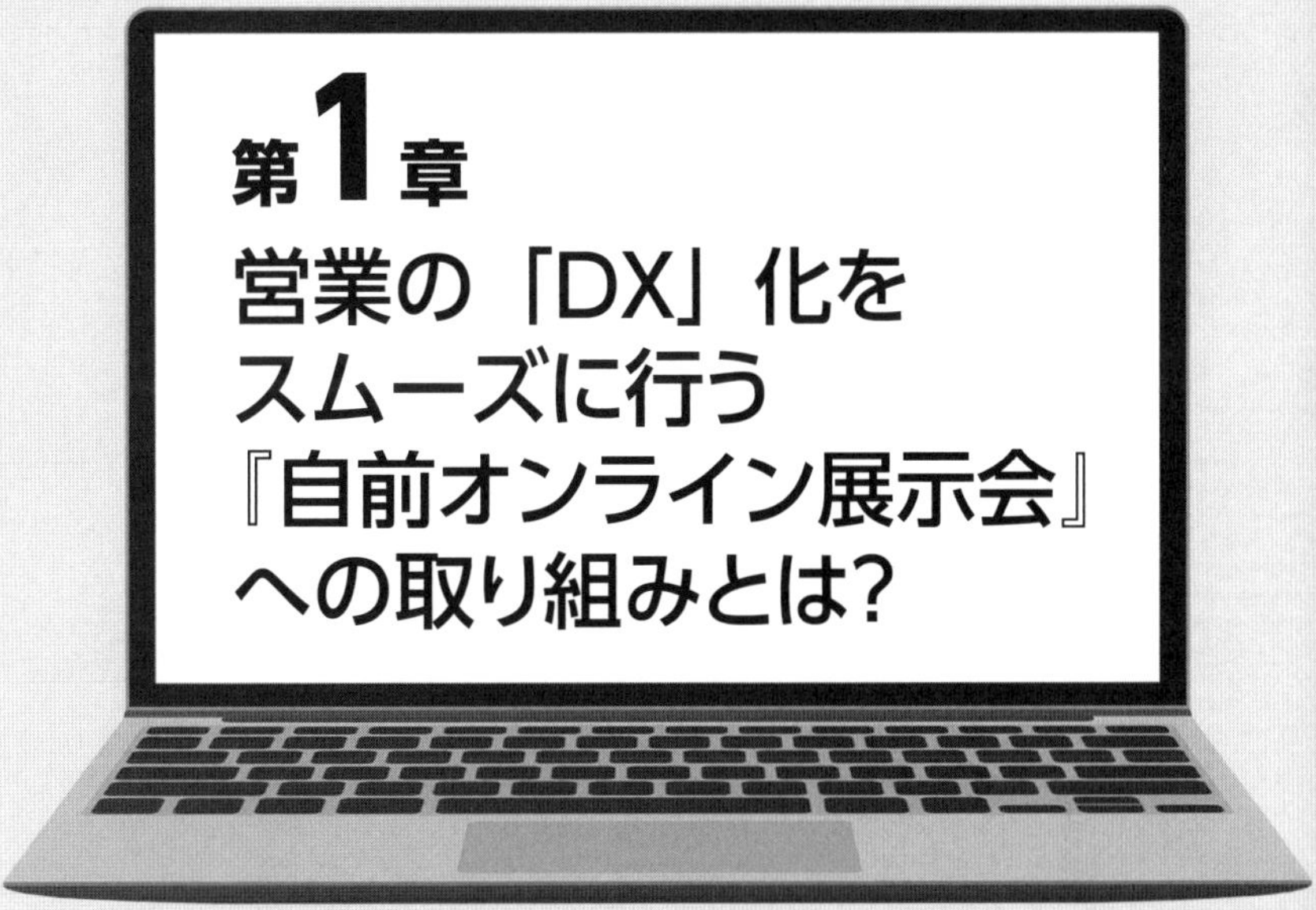

第1章

営業の「DX」化をスムーズに行う『自前オンライン展示会』への取り組みとは?

1 コロナ下、接触自粛でも売上をつくるヒントは展示会にあり！

「はじめに」では『自前オンライン展示会』の開催と、営業の「ＤＸ化」の密接な関係について触れたところで終わりました。

１章では、「ＤＸ」営業実行のためのツールとなる、展示会の基礎や業界の状況、リアル開催とオンライン開催の違いなどをお伝えしていきます。

「展示会ってどうやるの？」というような初心者の方のために、初歩的な部分からじっくりご説明していきます。

「コロナはいつか収まる。それまでは、銀行から借入れしてひたすらガマンだ！」

いきなりですが、経営者の方からこのような声を聞くことが頻繁にあります。

でも、これは危険な考えです。コロナがいつ収まるかは現時点では誰にもわかりません。コロナが収まっても、別の感染症が発生する可能性もあります。また、年々拡大している台風や地震などの災害が、私たちの活動を妨げることもありえるでしょう。

「収まるまでガマンだ」と考えていると、収まる前に、会社の寿命が尽きてしまうことになりかねないのです。

「そんなこと言ったって、どうしたら良いの？　接触自粛なのに新規顧客を獲得し売上を上げる、そんな方法なんてあるの？」

あなたは、こう思っているかもしれませんね。でも方法はあります。

そのヒント**は、実は、『展示会』開催までのプロセスに全て含まれています。**

「展示会はコロナ下で軒並み中止になっていますよね？」

確かに、２０２０年の春にはテレビや新聞で「大規模展示会自粛要請」「○○シンポジウム開催延期」などのニュースが飛び交いました。しかし、２０２０年9月以降、既に状況が変わってきているのです。

現在の展示会は、コロナ下でも想像以上に多くの企業に、再び活用され始めています。

では展示会参加者はどうでしょうか？　これも主催者たちの感染防止策の努力により、世間の想像以上に増えてきています。

展示会は奥が深い

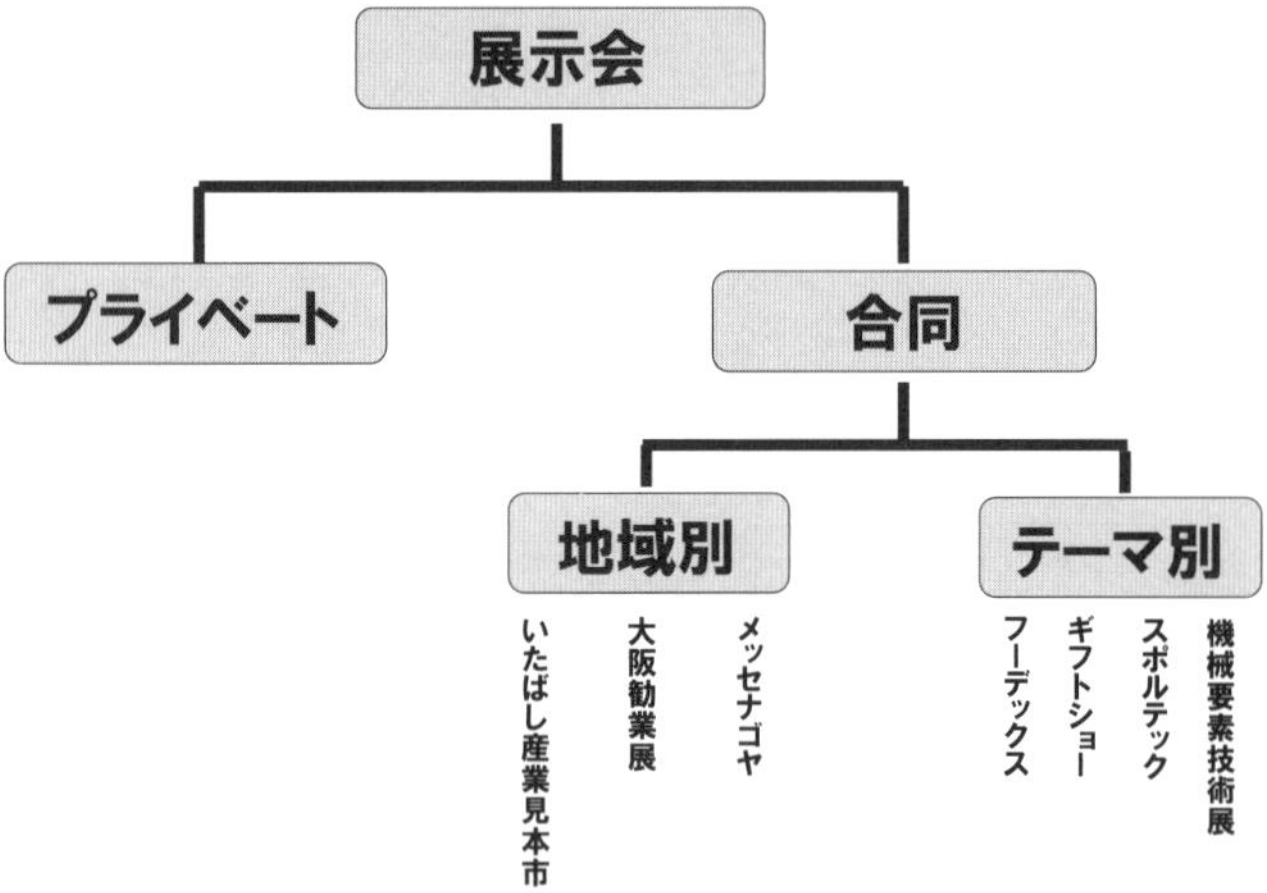

それに、実は展示会には大小さまざまな形態があるのです。

複数の企業が出展する大きな合同展もあれば、自社単独で開催する小さなプライベート展もあります。さらに言うと、合同展には、いたばし産業見本市、大阪勧業展、メッセナゴヤなどの地域別のものもあれば、フーデックス、ギフトショー、スポルテック、機械要素技術展などのようにテーマ別の展示会もあります。

このように、細分化され、意外と奥深いのが展示会の形態なのです。

さらに、東京ビッグサイトやインテックス大阪などの実際の展示会場で行われるリアル展示会だけでなく、**WEB上で開催される『オンライン展示会』**もあります。

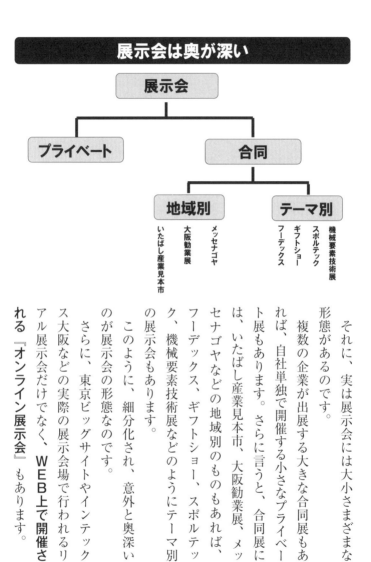

コロナ以降、「オンライン展示会」が急伸

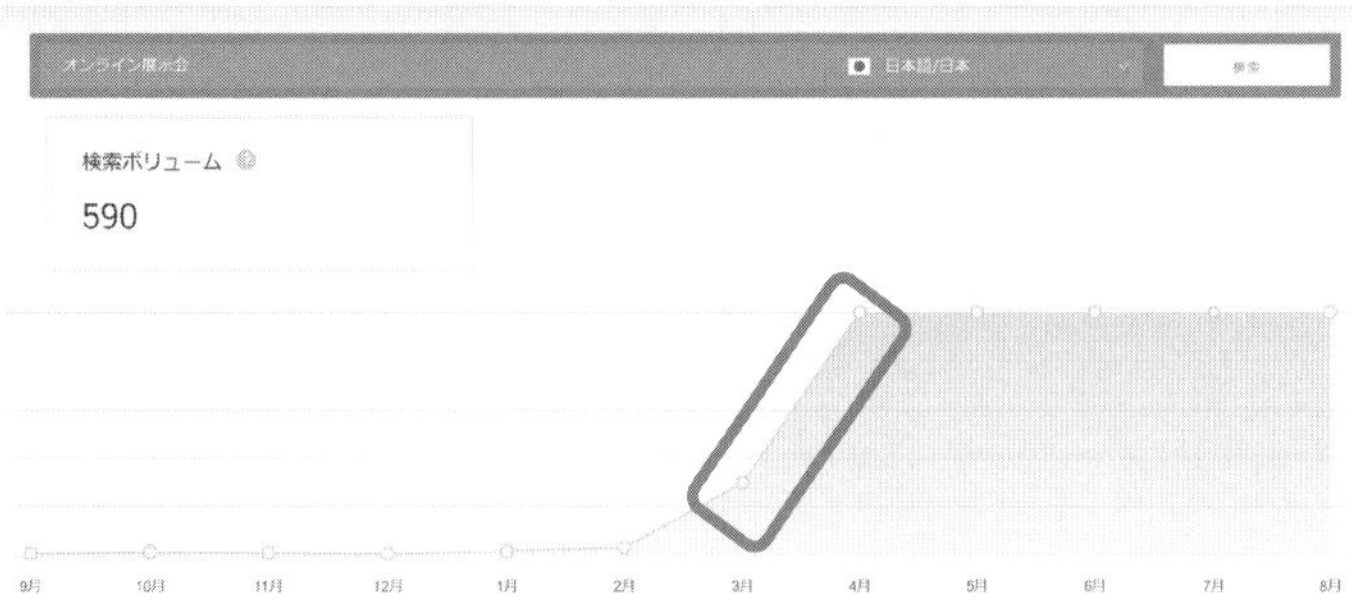

無料キーワードツール：Ubersuggest（ウーバーサジェスト）
https://neilpatel.com/jp/ubersuggest/ で
「オンライン展示会」を調べた結果、2020年3月以降、急伸している

これがこれから**本書で学んでいく『自前オンライン展示会』の原型**となります。

この『オンライン展示会』というキーワードは、コロナ以前には、ほとんど注目されることはありませんでした。上の図をご覧ください。

この図は、無料キーワード検索ツール、Ubersuggest（ウーバーサジェスト）で、『オンライン展示会』というキーワードを調べた結果です。

折れ線グラフは、『オンライン展示会』というキーワードが検索された数を月ごとに示しています。ご覧の通り、2020年1月までは、ほぼゼロだったものが、2月に微増し、3月から急増しているのがわか

新型コロナ以降の展示会の分類

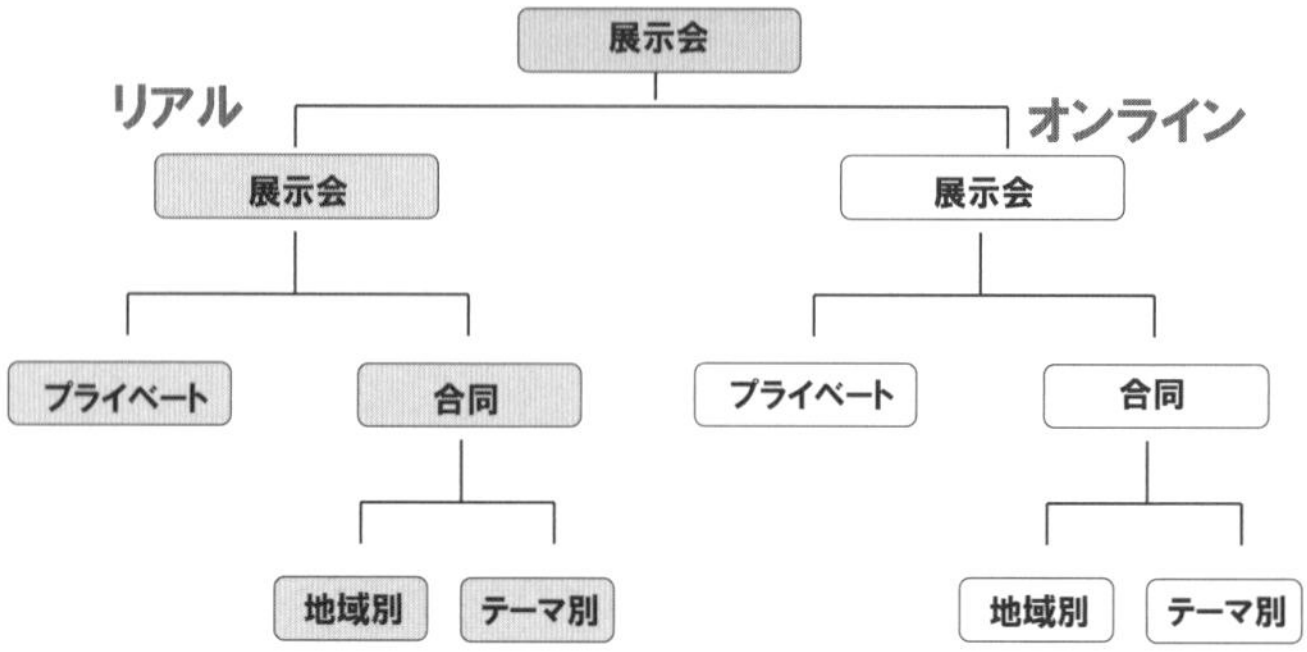

ります。

２０２０年２月26日に安部前首相がイベント自粛要請を出していますから、これは、新型コロナウィルスの蔓延傾向とピッタリ一致します。

つまり、新型コロナウィルス以降の展示会は、**もはや「リアル展示会」だけでなく『オンライン展示会』という方式を含めて考えるべきもの**になったのです。

このことを加味すると、展示会は、上の図のように分類できます。

実際、「合同」の「テーマ別」オンライン展示会も、コロナ以降数多く行われるようになりました。例えば、これまでリアル開催していたテクノフロンティアという技術

「リアル」と「オンライン」を併設する合同展示会が増えている

展示会：外食ビジネスウィークのWEBサイト
https://www.gaishokubusiness.jp/　より転載

系の展示会は、２０２０年はオンライン展示会として９月に開催し、約１１０社が出展し、来場者は１万６千人を超えました。東京ゲームショウ、シーテックやＪＩＭＴＯＦなどの業界を代表する定番展示会も続々とオンライン開催されています。

また、Ｊａｐａｎ ＩＴ ＷｅｅＫのように、リアル展示会として開催しつつ、オンラインで商談する場としてオンライン展示会も用意するという、リアル、オンライン併設型の展示会も増えています。上の図の外食ビジネスウィークなども、まさにこの形です。

これらのコロナ後、新しく始まった「オンライン」×「合同」の領域にしっかり取り組むことで、コロナ以前よりも展示会で成果を上げやすくなる可能性があります。

ですから、私は、展示会営業®コンサルタントとして、こうした「オンライン」×「合同」の領域にもぜひ、しっかり取り組んでほしいと強く思います。

しかし、私は、ここで、あえて違うことも言いたいのです。鋭い方は、お気づきかもしれません。私は、**「オンライン」×「プライベート」の領域、『自前オンライン展示会』を開催することを強くお勧めします。**

その理由は、『自前オンライン展示会』なら、自社でやると決めれば、コロナやその他の状況がどうなろうと、自社で自立的に取り組むことができるからです。もちろん開催日程も自社で自由に決めることができます。

このことが、とくに重要だと強く感じています。なぜなら、**自社でやると決めて自立的に取り組むと、そこに必ず勢いが生まれるから**です。

一方、「合同」オンライン展示会は、日程やその他重要な多くのことを主催者が決めていきます。重要なことを自社だけで決めることができないという状況は、社内に無力感を蔓延させ、企業から勢いを奪ってしまう危険性があります。

私は、コロナのせいでリアル展示会が中止になり、長期間の準備がムダになってしまった中小企業さんの落胆ぶりをこの目で見ているので、余計にそう思うのです。

だからこそ、自社判断だけで主体的、自立的に取り組める『自前オンライン展示会』の開催を強くお勧めするのです。そして、後ほど詳しくお伝えしますが、この『自前オンライン展示会』にしっかり取り組めば、そのことによって社内に蓄積されたノウハウは、そのまま「合同」オンライン展示会はもちろん、「合同」リアル展示会にも活かすことができます。

2 費用ゼロでできる！『自前オンライン展示会』の流れと営業としての役割

この『自前オンライン展示会』とは、どのようなものなのでしょうか？

『オンライン展示会』という単語自体が、最近になって注目され始めた新しい言葉です。さまざまな意味で使われていますし、そもそも、私が提唱する『自前オンライン展示会』という言葉自体、私がつくった造語のようなものですから、ここでしっかり定義しておこうと思います。

『自前オンライン展示会』とは、次の2つの要素によって成り立つ、**顧客獲得のための取り組み**です。

要素1・WEBサイトを実践的な営業ツールとしてつくりあげる

単なる商品紹介や会社案内とは異なる、見込み客の問題解決に寄与するコンセプトをつくり込み、そのコンセプトに合致したWEBサイトを開設します。新たに開設するのではなく、既存ホームページの下層に配置する形でも構いません。これは、会社パンフレットのような既存の公式サイトとはわけが違います。

そして、そのWEBサイトにコンセプトに沿ったブログ記事や動画を掲載します。この一つひとつの記事や動画が展示会ブースにあたります。このWEBサイトは、一年中ずっと開設されていますから、展示会的に言うと、常設展ということになります。

「WEBサイトを開設するなんてお金がかかるじゃないか！　コロナで先行きが見えないから少しでも支出を抑えて手元資金を厚くしておきたいのに・・・」

そう思ったあなたも、安心してください。ペライチ（https://peraichi.com/）というツールを活用すれば、無料でWEBサイトを開設することができます。

自前オンライン展示会のイメージ

要素2
年4回程度、
そのコンセプトに沿ったオンラインセミナーを開催する
要素1
あるコンセプトでWEBサイトを開設し、
記事や動画を掲載する（常設展）
春
オンラインセミナー
夏
オンラインセミナー
秋
オンラインセミナー
冬
オンラインセミナー

もちろん、ＶＲ（バーチャルリアリティ）などを駆使して臨場感のあるサイトを構築するのも良いです。コロナ下以降、ＩＴベンダーが、さまざまなオンライン展示会ツールを開発していますから、こういったものを活用することも可能です。

しかし、凝ったやり方は、時間やコストがかかりすぎてしまいます。まずは、無料ツールで手軽に始めて社内に勢いをつけた後、必要に応じてＷＥＢサイトの高度化、高機能化を検討するというステップを踏む方が良いでしょう。

「ＷＥＢサイト？　ホームページならすでにあるぞ！」

こう思った方もおられるでしょうね。し

かし、その「ホームページ」は、あなたの会社の商品・サービスや会社自体をわかりやすく説明する**自己紹介型サイト**なのではないでしょうか？

自己紹介型のホームページは、信頼証明のためには有効ですが、それだけで、潜在的な見込み客を集められるようなものではありません。つまり営業ツールとしては、ほぼ役に立たないのです。

見込み客を集めるためには、既存のホームページとは別に、コンセプトをつくり込み、そのコンセプトに合致したＷＥＢサイトを追加してください。

コンセプトとは、**「見込み客の問題解決に役立つもの」**で**「あなたの会社が顧客に提供する真の価値につながるもの」**です。

このコンセプト設定がもっとも重要なのですが、この点については第2章で詳しくお伝えしていきます。

次に、**コンセプトに沿ったブログ記事や動画をサイトに掲載**していきます。

「記事や動画をつくるって言ったってどうやるんだ？　外注する予算はないし、内製しようにも、うちにはそんなことができる人材はいないぞ」

大丈夫です。記事や動画は、あなたの会社の営業マンや社員さんでも簡単につくることができます。シフト制にして、全社員が記事や動画を数ヶ月に一度つくっていくというイメージです。

WEB上で検索されるキーワードを意識して記事や動画をつくっていくことで、徐々にサイトの閲覧が増えていきます。閲覧を増やす記事や動画のつくり方にはコツがあります。これらについては、第3章で詳しくお伝えしていきます。

この閲覧者が、まさにあなたの会社の見込み客です。この『自前オンライン展示会』サイトを運営していけば、自然と見込み客が増えてくるのです。

しかし、問題があります。それは、この方法が待ちの姿勢であり、見込み客数が増加するスピードには限界があるという点です。この問題をクリアするのが『自前オンライン展示会』のもうひとつの要素です。

要素2・コンセプトに沿ったオンラインセミナーを定期開催し攻めに転じる

開催頻度は、3か月に一回程度が良いでしょう。このオンラインセミナーに、見込み客を集客するのです。このことによって、メールや電話によって参加を促す攻めの姿勢で活動できますから、見込み客数の増加がスピードアップします。こうして、増やした見込み客に随時アプローチし受注していくのです。

3 『自前オンライン展示会』の実例とメリット

私自身も、『自前オンライン展示会』を開催しましたので、ここで実例としてご紹介します。コンセプトは、「リモート営業」です。

このリモート営業オンライン展示会のWEBサイトのイメージは、図の通りです。

実際にWEBサイトをご覧いただいた方がイメージできると思います。「リモート営業オンライン展示会」と検索いただくか、こちら

https://onlinetenjikai.com/　からご覧ください。

このリモート営業オンライン展示会は、前述の無料ツール『ペライチ』を使って作

自前オンライン展示会の実例
リモート営業オンライン展示会の場合

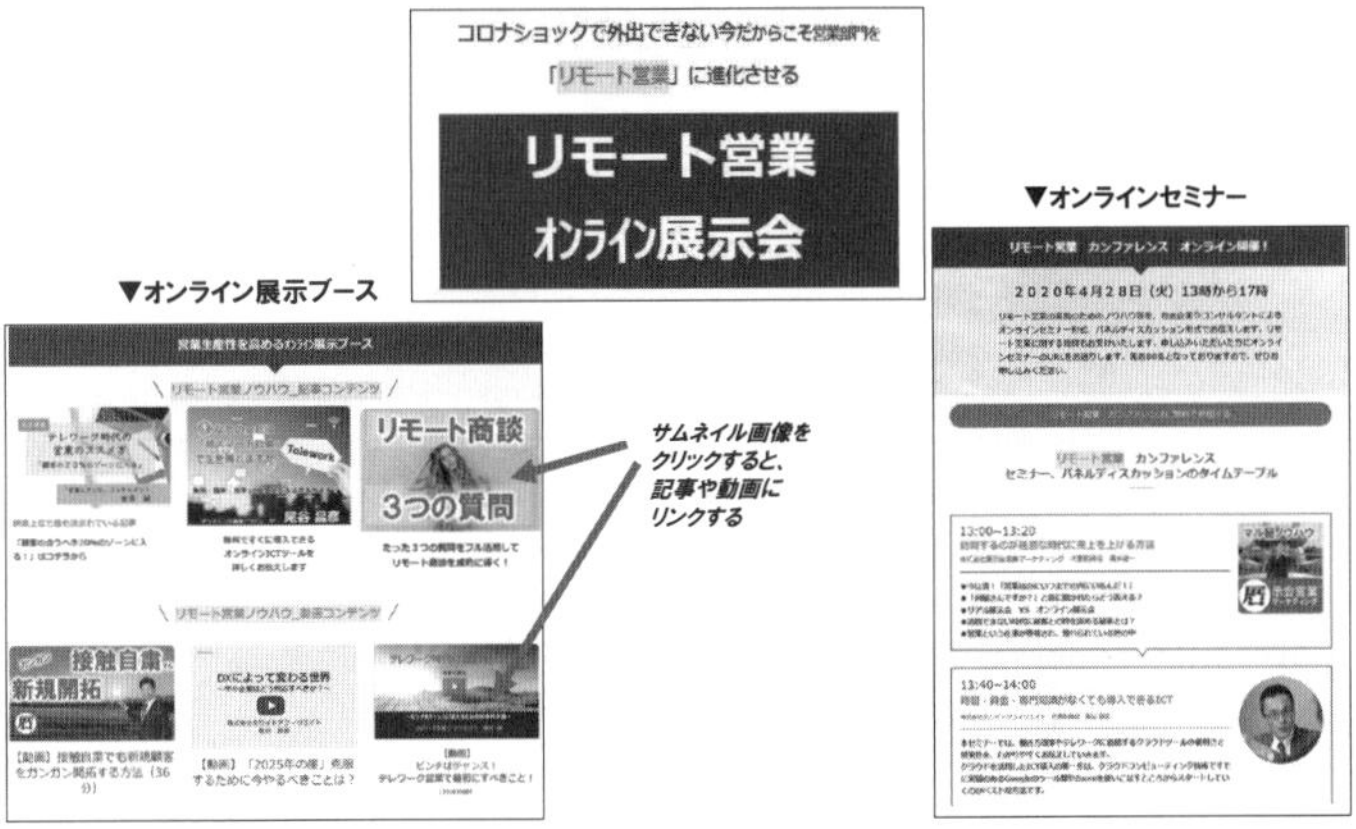

成しました。高額のＷＥＢ制作を行わなくても、まずはこの程度で十分なのだとご認識ください。

私は、この『自前オンライン展示会』を開催し、第1回セミナーを２０２０年４月28日に行いました。

図をご覧ください。この図は、このセミナーをＹｏｕＴｕｂｅライブで配信した際の分析グラフです。グラフの横軸は時間を、縦軸は視聴者数を表しています。

セミナーは13時から17時までの4時間にわたる長丁場でしたが、グラフの通り、最大１３２名の方に参加いただき、４時間後にも１００名以上の視聴者数をキープしていました。

4時間もの間100人以上の方が視聴

▼オンライン展示会のセミナーをYouTubeライブで配信した際の分析グラフ

いかがでしょうか？　もしも、見込み客が、あなたの会社のオンライン展示会で行われているオンラインセミナーに4時間もの間、参加してくれたとしたら・・・その見込み客は、あなたの会社に少なからず興味関心を持ち、購入を検討するようになると思いませんか？

こういったことが実現可能になるのが、『自前オンライン展示会』なのです。

『自前オンライン展示会』には、さまざまなメリットがあります。ざっと挙げるだけでも以下の9つのメリットがあります。

『自前オンライン展示会』開催　9つのメリット

1. 自社で開催日を決めて自社だけで開催できるため社内に勢いをもたらす
2. 接触自粛中でも災害が起こっても、開催することができる
3. 出展料がかからず、費用ゼロで開催できる
4. 距離の制約を超え、全国、全世界から見込み客を集めることができる
5. セミナーの中で、自社商材のメリットを順序立ててしっかり訴求することができる
6. セミナーを録画しておくとコンテンツ資産になり2次利用できる
7. 継続すればするほどコンテンツが充実し、見込み客にとって有益なものになる
8. リアル展示会や合同オンライン展示会に出展する際に、相乗効果を発揮できる
9. 取り組むことで社内のDX化が無理なくスムーズに進んでいく

あなたもぜひ『自前オンライン展示会開催』を自社の営業プロセスに組み込んでほしいと思います。

4 三密（密室・密談・密約）営業から教える営業へ

思えば、コロナが襲来する前までは、営業の重要な瞬間は必ず『密』でした。

商談の第一歩は、「笑顔で名刺交換」でした。勝負をかけたプレゼンは、当然「顔の見える距離で」行っていましたし、「がっちり握手」して顧客の心をしっかりつかむことが重要でした。そして、「深い関係とは距離の近さだ」とばかりに、アルコールを入れながら、顧客と肩を組んで「エイエイオー！」と言っていたのです。

「営業GNP」という言葉もありました。

G・・・義理（何十年も取引していて貸し借りもあるから義理で取引を続ける）

N・・・人情（何度も足しげく通って情に訴える）

P・・・プレゼント（時には接待をして一層関係を強固にする）

しかし、コロナがこの状況を一変させました。コロナで経営が厳しくなれば、義理

営業の大事な瞬間は必ず『密』だった
商談の第一歩は
「笑顔で名刺交換！」
勝負をかけたプレゼンは、
当然「顔の見える距離で！」
「がっちり握手」で
顧客の心をしっかりつかむ！
深い関係イコール距離の近さ
「肩を組んでともに前進！」
コロナショックが営業の世界を一変させた・・・

による取引継続は期待できません。そもそも、何度も足しげく通おうにも、接触自粛で面談できませんし、夜の街で接待なんてもっての外です。

私自身は、顧客との『密』な時間が大好きです。「営業GNP」を駆使して顧客に食い込む営業マンを尊敬しています。しかし、コロナです。こういったやり方は、もうできなくなってしまったのです。できなくなってしまった以上、新たなやり方を模索するしかありません。

そもそも営業GNP的なやり方には、マイナスの側面もあります。それは、行き過ぎると属人化し、コンプライアンス的に望ましくないやり方になってしまうという点です。**三密営業**と言っても良いかもしれません。**三密営業とは、密室で、密談しながら、密約する、という今の時代にそぐわない営業を表す、私の造語**です。私たちは、コロナショックを、三密営業を脱却し、営業の本質的価値を発揮していくチャンスとして、前向きに捉えるべきなのです。

では、営業の本質的価値とは、何でしょうか？

それは、「教える」ことです。プロとして、自社が扱う商材の周辺領域における情報、知見やノウハウを教えて差し上げることこそが、営業の本質的価値なのです。

「お客さまに教えるなんて、果して、うちの弱気な営業部隊にできるかな・・・」心配ありません。この「営業としての本質価値」は、コロナ前まで多くの現場で成果をあげてきた、**本書をお読みの経営者の方や営業マンのあなたには、実は、既に備わっています。**そんなあなたたなら、仕組みとコツさえわかれば、「教える」ことや「DX」化もすぐに対応できるはずです。

また、**社内での経験が浅い若手社員や中途採用の方でも、『自前オンライン展示会』を開催することで自然と、「プロとして、自社商材の周辺ノウハウ情報を教えて差し上げること」ができるようになります。**ぜひ教育の場としても実践してみてください。

それでは、第2章からはいよいよ『自前オンライン展示会』の準備をスタートしていきましょう。

第2章

「DX」営業マスターへの道

STEP1
コンテンツづくり

1 コンセプトが肝心！自社が教えることができて世の中の役に立つことは？

突然ですが質問です。

「あなたは何屋さんでしょうか？」

自前オンライン展示会を開催する際に、もっとも重要なのがコンセプト設定です。そしてコンセプトを考える際にもっとも重要なのが、この質問です。あなたは、自社を何屋さんと定義しているでしょうか？

私が、コンサルティングの現場でこの質問をすると90パーセント以上の方が自社で扱っているモノやサービスによって、自社が何屋かを説明しようとします。

・化粧品をつくっている化粧品メーカー
・印刷をしている印刷屋
・ネジをつくっているネジ製造業

急に、何屋さんですか？と聞かれたら・・・

物理的ドメイン

- 花屋
- 印刷業
- 化粧品メーカー
- ネジ製造業
- 出版社
- システム販売業
- コンサルティング業

→

機能的ドメイン

- うるおい提供業
- 販売促進支援業
- 美人・美肌創造業
- 緩み撲滅業
- 知識・文化伝達業
- 業務効率改善業
- 企業体質強化業

扱うモノではなく顧客に提供する価値を考える

・本を出版している出版社
・ITシステムを販売しているITシステム屋

などなど。確かにわかりやすいですね。

でも、これでは『自前オンライン展示会』で有効なコンセプトをつくることはできません。


では、どうすれば良いのでしょうか？

答えは、自社が扱っているモノやサービスそのものではなくて、**そのモノやサービスがお客さまにもたらしている価値から考えてみる**ことです。すると意外と自社の提供価値には広がりがあることに気づくはずです。

・化粧品メーカー　→　美人・美肌提供業

・印刷屋　↓　販売促進支援業
・ネジ製造業　↓　ゆるみ撲滅業
・出版社　↓　知識・文化伝達業
・ITシステム屋　↓　業務効率改善業

印刷屋さんを例に挙げて考えてみましょう。

・扱っているモノは印刷物
・提供しているのは印刷というサービス

このように自社が扱っているモノやサービスから自社を定義すると、そこで完結してしまって広がりが出てきません。

この状態から、『自前オンライン展示会』で発信する情報を考えても、印刷する際の色の種類や鮮明さなどのモノ・サービスのスペックに関することや、価格や納期の話題くらいしか思い浮かばないでしょう。

これでは、既存のホームページにある情報と大差ありません。このようなありきたりな考え方では、数多くの見込み客にリーチするのは難しいと断言します。

視点を変えてみましょう。自社のモノ・サービスから考えるのをやめて、お客さまを観察してみるのです。

「株式会社○○工業さんは、毎年、3月下旬にパンフレットの印刷を頼んでくれているぞ。それはいったいなぜなのだろう？」

このように実際にあるケースで考えるのです。もちろん、○○工業さんに聞きに行っても良いですね。

「実は、毎年4月にキャンペーンセールをやっています。このキャンペーンの内容は毎年違います。弊社は、このキャンペーンでしっかり売上をつくりたいのです。だから、毎年3月下旬に、得意先に案内するためのパンフレットを発注しているのです」

○○工業さんの答えがこうだったとしましょう。

この会社は、何屋さんなのでしょうか？　この場合は、『販売促進支援業』、『キャンペーン成功請負業』と言えるのではないでしょうか。

扱っているモノはパンフレットという印刷物ですが、その印刷物を通じて、お客さまのキャンペーンの成功をサポートしているからです。

そして、自社を『販売促進支援業』、『キャンペーン成功請負業』と定義すると、『自前オンライン展示会』のコンセプトが見えてくることにお気づきになるはずです。**この印刷屋さんの『自前オンライン展示会』のコンセプトは、「プロが語る販促キャンペーン成功の秘訣」などになる**でしょうね。そして「販促キャンペーン成功ＥＸＰＯ」などとネーミングするとよいでしょう。

コンセプトが固まると、『自前オンライン展示会』に掲載するブログ記事や動画の内容も固まってきます。パンフレットなどの販促物の渡し方や販促物を使った効果的なトークの仕方など、販促物にかかわる情報提供を行えます。また、それ以外にもキャンペーンを実行する時の準備手順、標準的なスケジュール表、ターゲットのしぼり方、ＷＥＢとの連動企画、実際に販促キャンペーンで成果が出た顧客の事例、効果検証の仕方などの情報を発信するとよいでしょう。

もし、あなたが、販促キャンペーンの実行に悩みを抱えているなら、こうした情報が掲載されているオンライン展示会を閲覧したくなりませんか？

このように、**見込み客は、あなたの会社の商品・サービスの周辺にあるノウハウ情**

報を知りたがっているのです。ですから、『自前オンライン展示会』を開催し、ノウハウ情報を積極的に発信していきましょう。

これは、あなたの会社の営業マンが**「売る人から教える人になる」**ということです。

そして、この発想の転換こそが、三密営業を脱却し、営業の本質的価値を提供する突破口になります。ぜひ、頭を柔らかくして、自社が何屋さんなのかを改めて深く考えてみてほしいと思います。

2 『自前オンライン展示会』コンセプトのつくり方

「なんとなくわかってきたけれど、コンセプトって具体的にどうやってつくればいいの？」

『自前オンライン展示会』のコンセプト設計は、実は、リアル展示会の出展コンセプトを検討する手順とまったく同じです。

私は、**コロナ以前からリアル展示会に出展する際には、まず「出展コンセプト検討**

シート」をつくり込むことを必須としています。

出展コンセプト検討シートとは、次の4つの問いの答えから生まれてきます。

1、展示会やオンライン展示会で出会いたい人は?
2、その人が日ごろ心の中でつぶやいている悩みは?
3、だったらうちが(こんな風に)役に立てますよ
4、ホント?　って思うでしょ。裏付けはね・・・

成果が出る出展コンセプトをつくるにはコツがあります。先ほどの印刷屋さんの例の通り『**見込み客側から考える**』ことです。

私たちは、つい自社の特徴や強みから、ものごとを考えがちですが、それでは、成果を出す『自前オンライン展示会』のコンセプトをつくることはできません。なぜなら、それらは多くの場合見込み客にとってはどうでもいいことだからです。

では、どうすれば、見込み客側から考えることができるのでしょうか?

その答えが、**「出展コンセプト検討シート」**なのです。1~4の項目を埋めていけば、

出展コンセプト検討シート

1. 展示会やオンライン展示会で出会いたい人は？

2. その人が日ごろ心の中でつぶやいている悩みは？

3. だったら、うちが（こんな風に）役に立てますよ

4. ホント？って思うでしょ。裏付けはね・・・

出展コンセプト検討シートは弊社ホームページから無料でダウンロードできますのでご活用ください。
https://tenjikaieigyo.com/concejn7form/

自然と見込み客側から考えた、成果の上がるコンセプトができあがります。

ここは特に重要ですので、前ページの空白の出展コンセプト検討シートに、後述する解説を読みながら、あなたの会社が『自前オンライン展示会』を開催することをイメージしつつ実際に書き込んでいってください。

（1）展示会やオンライン展示会で出会いたい人は？

あなたは、『自前オンライン展示会』を開催して、どんな人と出会いたいですか？

まず、それを決めましょう。この時に重要なのは、会社ではなく人＝パーソン単位まで落とし込んで考えることです。

例えば、「建設業」のように大まかな業種を考えるだけでなく、もっと突っ込んで出会いたいのは、「建設業」の経営者なのか、設計責任者なのか、購買担当者なのかまで落とし込みましょう。

ここで、注意すべきことがあります。それは、**受注するためにもっとも面談したい人を設定するということ**です。あなたが売りたい商材が、最終決定権を持つ人に会わないと受注できないようなものなら、出会いたい人は、〝経営者〟や〝担当役員〟に設定しましょう。

『自前オンライン展示会』サイトにアクセスを数多く集めるためだけなら、経営者よりも、絶対数の多い担当者に設定する方が良いでしょう。

しかし、『自前オンライン展示会』開催の目的は、あくまでも、「受注・売上」です。ですから、難易度が高くなったとしても、出会いたい人は、面談することで受注に直結する人に設定するべきなのです。

(2) その人が日ごろ心の中でつぶやいている悩みは？

続いて、出展コンセプト検討シートの2つ目の質問に移りましょう。

実は、この質問が一番、肝心です。**特に重要なのは「日ごろ心の中でつぶやいている」という点**です。

日ごろ心の中でつぶやいているということは、WEBサイトの閲覧中にも、パソコンやスマートフォンの前でつぶやいているはずですね。見込み客にとって、自分が日ごろつぶやいている悩みをズバリ言い当てたWEBサイトが目の前に出現したら、どうなるでしょうか？　必ず興味を持つはずです。

コツは、カギかっこ付きの直接話法で、心の中でつぶやいている言葉をなるべくそのまま書くことです。

例えば、設計責任者が、出会いたい人だとするなら「最近、設計がマンネリになっているなぁ」とか「やりたい設計をしようとすると予算オーバーになるんだよなぁ」などになるでしょう。


この時に、注意点があります。それは、**時流、トレンドが反映された悩みを挙げる**という点です。『自前オンライン展示会』のコンセプトが時流に乗ったものであればあるほど、数多くの見込み客にリーチできます。

例えば、設計者なら「ソーシャルディスタンスを確保できる空間設計をすると、ワンパターンになってしまう」などの悩みは、コロナ下において時流を反映していると言えるでしょう。

それと、もうひとつ大事な点があります。それは、『**自社がその悩みを解決できるかどうかは無視して書く**』ということです。ここがこの出展コンセプト検討シートの最大のポイントです。

『自社が解決できること』を前提に考えてしまうと、見込み客から売り込みと捉えられてしまい、残念ながら成果の出るコンセプトにはなりません。

相手の悩みをすべて解決できなくても構わないのです。

「そういう悩みを持っているんですね」と共感してあげるだけでも、「このWEBサイト（をつくっている会社や担当者）は、自分のことをよくわかってくれている気がするぞ」と思ってもらえます。

その人になりきることが重要です。社内で、見込み客役と営業マン役に分かれてロールプレイをしながらじっくり考えてみるのも有効です。見込み客がつぶやいている悩みをできるだけたくさん書き出してみましょう。

（3）だったら、うちが（こんな風に）役に立てますよ

では、次の質問に移ります。

ここでは、悩みが解消された状態を、その理由とともに挙げていきます。

例えば、「○○なので、マンネリを打破して、□□になります」とか「△△という機能を活用することで、コストを◇％削減します」などとなります。

この時に重要なポイントがあります。それは、**出会いたい人がつぶやいている悩み**

の中で、できるだけ優先順位の高い悩みにリーチする、という点です。

優先順位の高い悩みに直撃する方が、受注リードタイムが短くなりますし、高額化しやすいからです。

まず、「(2) その人が日ごろ心の中でつぶやいている悩みは？」で挙げたものを、悩みの強さ・優先順位の高さの順に並べ替えます。そして、上の悩みから順に、「だったら、うちがこんな風に解決できますよ」を考えてみましょう。

複数の悩みを同時に解決できる方が、見込み客をより引き付けることができます。1つだけで満足せず、2つ、3つと考えてみてください。

(4) ホント？ って思うでしょ。裏付けはね・・・

さあ、いよいよ最後の質問です。この質問もよく考える必要があります。

なぜなら、「あなたの悩みを解決できますよ」と言われると、人は必ず「ホントなの？」と疑問に感じるからです。

成果を上げるという観点では、この「ホントなの？」に回答できるようにしておくことが重要です。ここでは、商材の価値や特徴、機能を伝えるのも良いですし、実際にその悩みを解決した事例があるなら、なおよしです。

いかがでしょうか？　一人だけの案ではなく、プロジェクトチームの社員数名で議論しつつ出展検討シートに書き込みながらブラッシュアップして、成果が出るコンセプトをつくってほしいと思います。

3 【ナマ事例】オフィス家具メーカー　トヨセット（株）の出展コンセプト検討シート

具体的にイメージできるようにナマ事例を掲載しておきます。

この事例は、名古屋市に本社があるオフィス家具メーカー、トヨセット株式会社の出展コンセプト検討シートを少しデフォルメしたものです。

トヨセットさんはオフィス家具のメーカーです。ですから、最終的に売りたい商品は、椅子や机などのオフィス家具です。

だからと言って、椅子や机のサイズや価格、機能、スペックなどの情報を『自前オンライン展示会』で発信したところで、なかなか見込み客は閲覧してくれません。

オフィス家具メーカー　トヨセット（株）の出展コンセプト検討シート

1.展示会やオンライン展示会で出会いたい人は？

・コロナで「事務所をどうすればよいか？」悩んでいる社長、総務部長、人事責任者

2.その人が日ごろ心の中でつぶやいている悩みは？

・事務所の飛沫対策、どうしよう・・・
・コロナ対策、他の会社はどうしているのかな
・テレワークって一体どうやるんだろう？
・できるだけ安くコロナ対策したい
・何も対策しないと社員の家族からの評判が落ちてしまうかもしれないなぁ
・事務所が狭くてソーシャルディスタンスを取れない

3.だったら、うちが（こんな風に）役に立てますよ

・事務所の最適なレイアウトを事例に基づいてて提案できます
・他社のコロナ対策事例をお伝えします
・スモールデスクやアクリル板を活用した低価格なコロナ対策を一緒に考えていきましょう
・テレワークに必要なITツールなどに詳しい会社をご紹介しますよ

4.ホント？って思うでしょ。裏付けはね・・・

・50年、累計1億台の実績に基づくオフィス空間のトータル提案ができます
・自社にプランニングの専任担当がいるのできめ細かく対応できます
・工場にご招待しますので、ご自分の目でお確かめください
・ホワイト系オフィス家具により社内の雰囲気を変え生産性を高めた例があります

オンライン展示会　**名称：コロナ対策オフィスEXPO**

そこで、トヨセットさんは、弊社のオンライン展示会営業®研修を受講して、上の図の出展コンセプト検討シートをつくり込み、**『コロナ対策オフィスEXPO』というコンセプトを練り上げた**のです。

いかがでしょうか。このコンセプトなら、時流に乗っていますし、見込み客の悩みに直撃しているので、たくさんの閲覧がありそうな気がしてきませんか？

このように、出展コンセプト検討シートを使って、見込み客の悩みに直接訴えかけるコンセプトを練り上げることが重要なのです。

第3章

「DX」営業マスターへの道

STEP2

コンテンツづくり

1 記事や動画でまだ見ぬ見込み客にリーチする

「コンセプト」策定を終えたら、次にそのコンセプトに沿った内容のコンテンツづくりをはじめます。具体的には、WEBサイトにブログ記事や動画を掲載していきましょう。

言うまでもありませんが、ここで、「今なら1割引きです」と売り込みをしたり、商品の機能やスペックを説明するだけの記事や動画を掲載してはいけません。

あくまでもコンセプトに沿って、見込み客の悩みを解決する内容の記事や動画を発信していきます。実は、そのネタもSTEP1の「出展コンセプト検討シート」の中に仕込んであります。

「2．その人が日ごろ心の中でつぶやいている悩みは？」に挙げられている悩みや「3．だったらうちが（こんな風に）解決できますよ」に書かれている解決策、さらには、「4．ホント？　って思うでしょ。裏付けはね・・・」にある顧客事例を、記事や動画のネタにすれば良いのです。

ただし、記事や動画を漫然とつくってはいけません。アクセスを集めるために、**検**

索で上位表示させたいキーワードを決めてから作成していきます。

キーワードの決定は以下の手順で行います。

まず、出展コンセプト検討シートから抽出したネタをもとに、**見込み客が興味を持って**WEB**で検索しそうなキーワード**を挙げてみます。業界用語や隠語などのニッチ（マイナー）なキーワードも出会いたい相手が検索する可能性があるなら検討してみる価値があります。

この時、1つだけでなく2つのキーワードを抽出することがコツです。あなたも、グーグルやヤフーで何か調べるときに、「○○○」スペース「□□□」のように2つ以上の単語で検索することが多いのではないでしょうか？　あなたの見込み客も同じです。

次に、抽出した2つのキーワードの検索ボリューム（WEBで検索された数）を調べます。ウーバーサジェスト（https://neilpatel.com/jp/ubersuggest/）などの無料ツールを使って調べると良いでしょう。抽出した2つのキーワードの月間検索数が50から500の間であれば、その2つのキーワードを採用しましょう。

例:「展示会」×「営業」2つのキーワードの検索数を調査

一方、50に満たない場合や500以上の場合は、キーワードを再考しましょう。なぜなら、そもそもの**検索数が少なすぎると、せっかく記事や動画を掲載してもアクセス数の増加は期待できません**し、逆に**多すぎる場合は、検索されても他のサイトや動画に埋もれてしまって上位表示されず**、結果的にアクセスが増えない可能性が考えられるからです。

弊社の場合の例を挙げます。「展示会」「営業」という2つのキーワードを抽出してみました。上の図は、この2語の月間検索ボリュームをウーバーサジェストで調査した時のものです。

図のとおり、「展示会」「営業」という2つのキーワードは、月間検索数が320件ですから、条件を満たしています。

2つのキーワードを抽出することができたら、次に、ブログ記事や動画のタイトルをつくりましょう。タイトルには、抽出したこの2つのキーワードを必ず含めます。

また、2つのキーワードができるだけタイトルの文頭に来るようにしましょう。

「展示会」「営業」という2語なら、タイトルは、【展示会の営業で圧倒的に成果を上げるたった一つのコツ】のようになります。

次はこのタイトルで、実際にブログ記事や動画をつくっていきます。

2 「7つのブロック」で誰でもブログ記事が書ける！

「ブログ記事を書くと言われても、文章が苦手なんですよ」

そう思ったあなたも安心してください。誰でも、簡単に、見込み客の役に立つ情報を文章化することができる方法があります。私はこの方法を、エッセイストで著者養成学校を主宰する潮凪洋介さんから教えてもらいました。

だれでも簡単にできるブログ原稿の書き方

1 **シチュエーションの設定：**「○○な時がありますね。」

2 **問題解決アドバイス：**「そんな時は●●しましょう。」

3 **結果の説明：**「そうすると□□になることができます。」

4 **理由の説明：**「それは■■だからです。」

5 **禁止事項の説明：**「でも××すると◆◆になってしまいます。」

6 **事例：**「Aさんは●●をして□□になることができました。」

7 **1.2.3をつなぎ、再度結論として言う：**
「○○な時は●●しましょう。□□になることができますよ。」

その方法とは、図のように「7つのブロック」にわけて書いていくという文章作成法です。

この7つのブロックを使うと、文章が苦手な人でも簡単にブログ原稿を書くことができます。

例えば、先ほどの【展示会の営業で圧倒的に成果を上げるたった一つのコツ】というタイトルのブログ記事なら、以下のようになります。

・・・・・・・・・・・・・・・・・・・・・・・・・・・・・・・・・・・・・

①○○な時がありますね

社長であるあなた！

「毎年展示会に出展しているけれど、全然、売上につながらない。一体なぜなのだろう？」

そんな風に思う時がありませんか？

②そんな時は●●しましょう

そんな時は、展示ブースのパラペットに社名を掲げるのをやめてしまいましょう。

「え？　そんなことをしたら、どの会社のブースかわからなくなってしまうから余計に成果が出なくなってしまうじゃないか！」

あなたはそう思ったかもしれません。でもそんなことはありません。社名ではなく、あるものを掲げましょう。

あるものとは、ブースキャッチコピーです。もっとも目立つパラペットに、「誰の、どんな悩みを解決するブースなのか！」を端的に伝えるブースキャッチコピーを掲げるのです。

③そうすると□□になることができます

そうすることで、あなたのブースに立ち寄る見込み客は大幅に増加します。

④それは■■だからです

なぜ、そうなるのでしょうか？

それは、あなたのブースに立ち寄るかどうかを、来場者はわずか3秒で判断するからです。

あなたのブースが通路に面している部分の長さは、1小間なら3メートル、2小間でも6メートルしかありません。6メートルを通過するのに、3秒もかかりません。

このわずか3秒の間で、「あっ！　このブースの話を聞いてみたい！」と思わせるためには、社名では不十分で、ブースキャッチコピーが必要だとお気づきになるはずです。

ブースキャッチコピーをつくるにはコツがあります。

それは、「来場者にとってのメリット」を含めるということです。

誰しも、「自社や自分にメリットがある！」と思うと無視できなくなるからです。

⑤でも××すると◆◆になってしまいます

でも、だからと言って、あまり長すぎるブースキャッチコピーにはしないでくださいね。

長くなりすぎると、文字を小さくせざるを得なくなります。

文字が小さくなると、来場者の目に留まりにくくなってしまいます。

ブースキャッチコピーの文字は、25文字以内にするようにしましょう。

⑥A社は●●をして□□になることができました

大阪市内にある工具卸業X社のT社長は、毎年展示会に出展するものの売上につながらず悩んでおられました。

T社長は、ある展示会で、これまで社名を表示していたブースパラペットに、誰のどんな悩みを解決するブースなのかを端的に表すブースキャッチコピーを掲げてみたのです。するとどうなったでしょうか？

有効名刺獲得数が前年比3・7倍に増え、X社は展示会から大きな成果を上げることができたのです。

⑦○○なときは●●しましょう。□□になることができますよ

毎年展示会に出展しているのに成果が出ない。そんな時は、ブースパラペットに掲げる文字を社名ではなく、ブースキャッチコピーに変えてみましょう。

そうすることで、売上につながる多くの有効名刺を獲得することができるはずです。

いかがでしょうか？　これなら、あなたの会社の営業マンや社員さんにもできるのではないでしょうか？

ぜひ、読者（新規見込み客）が悩み解決のヒントを得て喜んでいる顔をイメージしながら熱のこもったブログ記事を書いてみてください。

このように見込み客の悩み解決に直結する記事や動画を継続的に掲載していくことで、『自前オンライン展示会』への見込み客のアクセスを増やしていくのです。

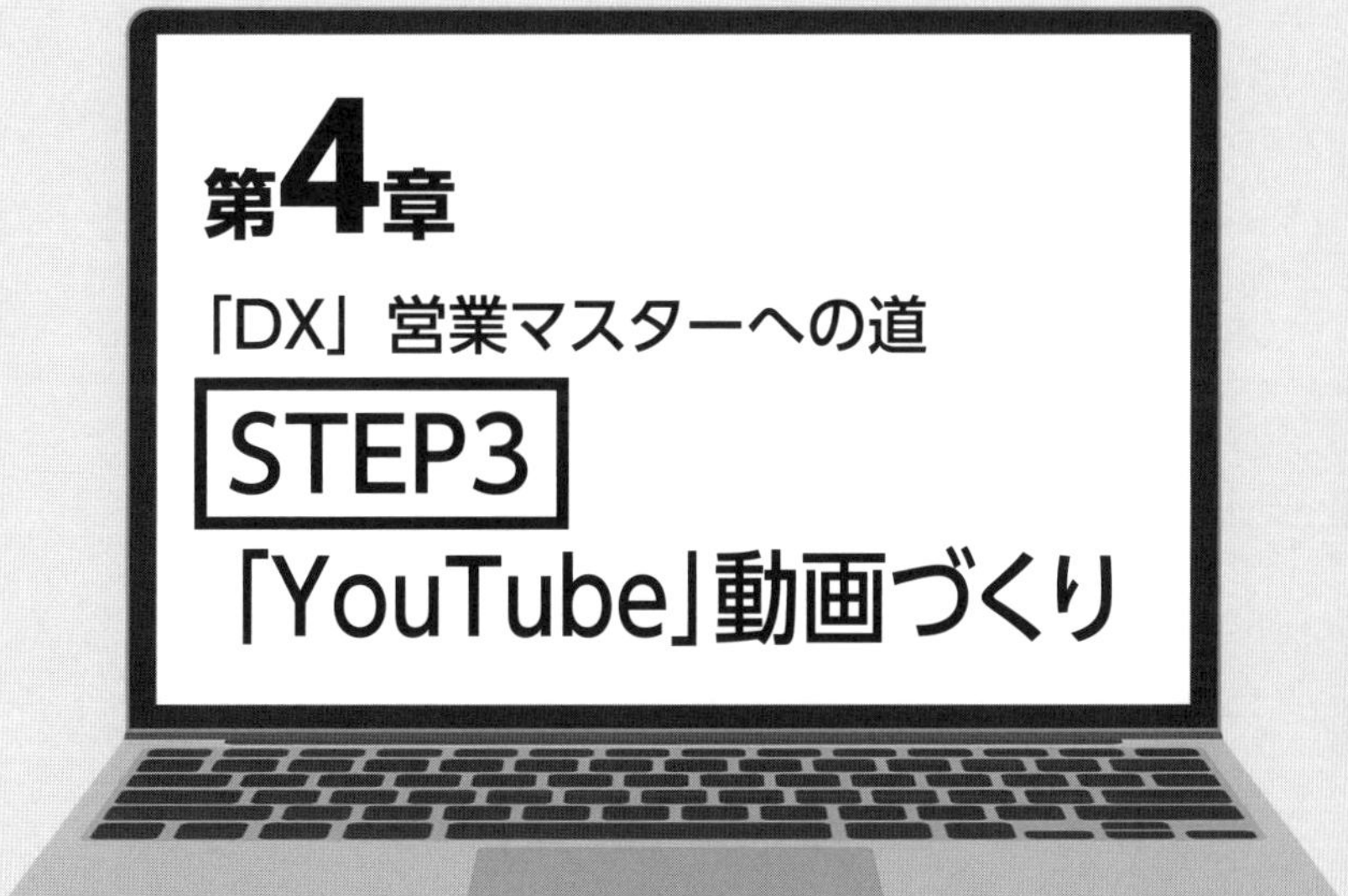

第4章

「DX」営業マスターへの道

STEP3

「YouTube」動画づくり

1 動画は中小企業の時短営業ツールとなる

「ブログ記事を書くことはできるような気がしてきた。でも動画はハードルが高そうだ・・・」

あなたは、こう心配する気持ちがあるかもしれません。

しかし、動画は、『自前オンライン展示会』とって非常に重要な要素です。今後、高速で大容量な通信が可能になる5G（ファイブジー）が普及することで、さらにその重要性が高まることは明らかです。

それに、動画は実は、中小企業と相性が良いのです。中小企業の商材は、文字や写真だけではわかりにくいケースがほとんどです。

そのようなわかりにくい商材でも、文字では書ききれない色や形、写真では表現できない音や動作を、ありありと伝えることができるのです。

日本における動画のビジネス活用の第一人者、「YouTube戦略コンサルタント」

の菅谷信一氏は、1分間の動画が伝える情報量は180万語に相当し、動画を活用すると活用しない場合に比べて理解が74パーセントも高まると著書やメディアで発言しています。

2 動画はスマホ撮影の簡単なものでOK

動画のハードルが高く感じる理由は、CG（コンピュータグラフィック）の入った洗練されたものを思い浮かべるからかもしれません。

しかし、ここで私が言っている動画は、そういうものではありません。『自前オンライン展示会』に掲載する動画は、三脚にスマートフォンをセットして自分でサクっと撮影するレベルで十分です。極端に言うと、スマホの前でブログ原稿をそのまま読み上げるだけでも構わないのです。

流暢に話す必要もありません。逆に、ちょっとたどたどしいくらいの方が好感を持たれるケースもあるくらいですから、トークが苦手な方も安心してください。

3 YouTubeの活用は見込み客のアクセスアップに不可欠！

そして、撮影した動画は、YouTubeにアップロードし、そのYouTube動画を『自前オンライン展示会』サイトに埋め込みましょう。

世界最大の動画共有サービスであるYouTubeは、いまや、日本だけでも、月間6200万人が利用しています。単純計算では国民の2人に1人が利用していることになる巨大メディアです。さらに、コロナによる外出自粛期間を経てこのYouTubeがすっかり日常生活に浸透した感があります。

「YouTubeなんて、若者だけのメディアでしょ」と思ったあなたには危険信号が灯っています。総務省の「令和元年度情報通信メディアの利用時間と情報行動に関する調査」によると、年代別YouTubeの利用率は、60代では44・8％とやや低いものの、40代で81・3％、50代でも75・2％に達しています。しかも、この数字は、2019年、つまりコロナ襲来前のものです。コロナによる外出自粛期間を経て、YouTubeがより一層私たちの日常生活に浸透したことは疑いありません。

『自前オンライン展示会』サイトにYouTube動画を埋め込んだ例

このようにYoutube動画を埋め込む

2021年以降は、これまでYouTubeと縁が薄かった中小企業の経営者やビジネスマン、個人自営業者にとっても、ますますYouTubeが身近になってくるでしょう。

その巨大メディアであるYouTubeに撮影した動画をアップロードした上で、『自前オンライン展示会』サイトに埋め込みましょう。

「なぜ、YouTubeを経由するんだ？　そんなことしなくても、『自前オンライン展示会』サイトに直接動画をアップロードしたらいいんじゃないのか？」

いいえ、撮影した動画は必ずYouTubeにアップロードしてください。私がそうお勧めるのには理由があります。

なぜなら、グーグルで検索した際に、一般のWEBサイトやブログ記事よりも、YouTube動画の方が上位表示される傾向があるからです。いわゆるSEO対策になるのです。

グーグルとは、言わずと知れたWEB検索の世界を牛耳るガリバー企業で、実は、Yahoo!もグーグルの検索エンジンを採用しています。**そして、YouTubeはそのグーグルの完全子会社なのです。**

だから、当然グーグルは、YouTubeを検索で優遇しているのです。検索で上位に表示されるほど、見込み客からの『自前オンライン展示会』へのアクセスが増加します。YouTubeの優位性をフル活用していきましょう。

繰り返しになりますが、かっこいい洗練された動画を撮る必要はありません。スマートフォンやノートパソコンの内臓カメラでなどで自分で撮影したもので、まずは十分です。ノートパソコンの内臓カメラとZOOMのレコーディング機能を使って簡単にわかりやすく、見栄えも良い動画を撮影することができます。詳細は、第7章でお伝えします。

4 展示会での「体験アトラクション」は魅力的なコンテンツ

ただ、そうは言ってもせっかく動画にするのですから、動きがあって見る人の記憶に残る内容も盛り込みたいですよね。そのような魅力的な動画をつくる際にも、リアル展示会での展示会営業®ノウハウをそのまま転用することができます。

そのノウハウとは、体験アトラクションです。体験アトラクションとは、リアル展示会のブースで行う、何らかのアトラクションに見込み客に参加してもらうことで、自社のブースを強烈に記憶に残す取り組みのことです。具体例でご説明しましょう。

【ナマ事例】浜口ウレタン（株）の体験アトラクション

浜口ウレタンは静岡県浜松市にあるウレタンの製造メーカーです。ウレタンは、製法によって、さまざまな硬さ・密度・反発力のものをつくることができるのが特徴です。しかし、そのことを、

「さまざまな硬さ・密度・反発力のものをつくることができますよ」とそのままで伝

浜口ウレタン（株）の体験アトラクション

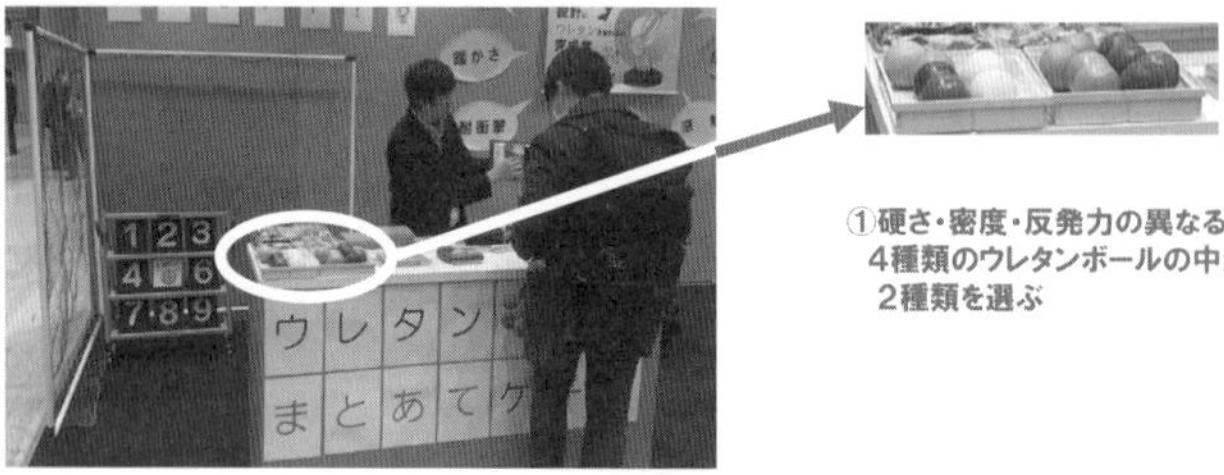

①硬さ・密度・反発力の異なる4種類のウレタンボールの中から、2種類を選ぶ

②ワンバウンドさせて、的に当てる。チャンスは2回。2つとも、バウンドの大きさがちがうので結構むずかしい。

えても、見込み客は、「なるほどね」と思うだけで、なかなか記憶に残してくれません。そこで、ある体験アトラクションを考えたのです。

その名も【ウレタン的あてゲーム】です。

ゲームのやり方はこうです。

まず4種類のウレタンでできたボールを用意します。

種類1：柔らかい素材
種類2：硬くて密度が低い素材
種類3：重くて密度が高い素材
種類4：反発が高い素材

次に、この中から2種類のボールを選び、

的に向かって投げて、真ん中に命中させます。この時に直接真ん中を狙って投げてはいけません。ワンバウンドさせて命中させるのです。すると、1つ目のボールと2つ目のボールでは、跳ね方、バウンドの大きさが全くちがうことに驚きます。このことによって、ウレタンという素材で、さまざまな硬さ・密度・反発力のものをつくれることを強烈に印象づけるのです。

実際に、私が、この【ウレタン的あてゲーム】を体験して驚いている動画があります。まさに動画の方がイメージしやすいと思いますので、ぜひご覧ください。

https://tenjikaieigyo.com/7douga/

これはリアル展示会の例ですが、『自前オンライン展示会』に掲載する動画でもまったく同じ考え方でオッケーです。

実際に体験する人は、自社の社員ではなくて、本当の見込み客の方が望ましいです。その方が、素の反応が出て印象に残る動画になります。

このように、あなたの商材の特徴を見込み客の記憶に残すことができる体験アトラクションをつくり、それを見込み客が体験しているところをスマートフォンなどで撮影して動画化するのです。あなたもぜひ、見応えがあって記憶に残る体験アトラクション動画をつくってみてください。

5 顧客インタビューは見込み客の関心度が高い

また、**顧客へのインタビューの様子を動画化するというのも非常に有効**です。見込み客は売り手の言うことはなかなか信用してくれませんが、実際のユーザーや顧客が何を言うかには、強い関心を持つからです。

このインタビューの際にも、リアル展示会での展示会営業®ノウハウをそのまま活用することができます。展示会営業®ノウハウでは、リアル展示会の際に、顧客の声チラシを用意します。この客の声チラシを作成するときの質問項目をそのままインタビュー動画にも活用しましょう。

そのインタビュー項目とは、次ページの図の9つとなります。

顧客インタビュー　9つの質問

買う前	(1) いつ、どんなきっかけで「この商品分野」に興味を持ちましたか？ (2)「この商品」をいつ、どこで知りましたか？ (3) その時の第一印象は？
買う時	(4)「この商品」を買う時、他の商品と比べましたか？ (5) 比べたとしたら、どの商品と比べましたか？ (6) なぜ最終的に「この商品」を選んだのですか？理由を3つ教えてください。
買った後	(7) 今、「この商品」をどのように活用していますか？ (8)「この商品」のよいところを3つ、悪いところを3つ、教えてください。 (9) 当社への今後の期待、要望を教えてください。

この時、過去、現在、未来の時系列で聞くことがポイントです。時系列なら聞かれた方も思い出しやすく、答えやすいからです。あなたもぜひ、試してみてください。

動画の使いどころは、他にもあります。自社の想いや志を音楽に乗せて語る「志プレゼン動画」やＹｏｕＴｕｂｅに限定公開する「あなたのためだけに撮った動画」などです。

これらについては次章以降でお伝えしていきます。

第5章

「DX」営業マスターへの道

STEP4

「オンラインアプローチ」（メール）

1 まずはメールリスト有無の確認を！

『自前オンライン展示会』サイトに記事や動画を掲載したら、そのことをお知らせするメールマガジン（一斉メール配信）を発信しましょう。

記事や動画の前半の一部分を記載し、「続きはこちら」として、記事や動画にリンクするURLを記載するのです。あなたもネットニュースなどで体験しているはずです。

1つのコンテンツを『自前オンライン展示会』とメールマガジンの両方に重複利用しますから、手間はほぼかかりません。

「なるほど。わかるけれど、メールマガジンを送るためのメールアドレスのリストが当社にはないぞ」

そう思ったあなたには危険信号が灯っているとお考え下さい。なぜなら、「DX」営業を進めるにあたって、顧客や見込み客のメールアドレスリストがないということ

中小企業における名刺等顧客情報の共有状況

あなたの会社は、既存客や見込み客の名刺情報などの顧客情報をデータ化し、全社で共有していますか？

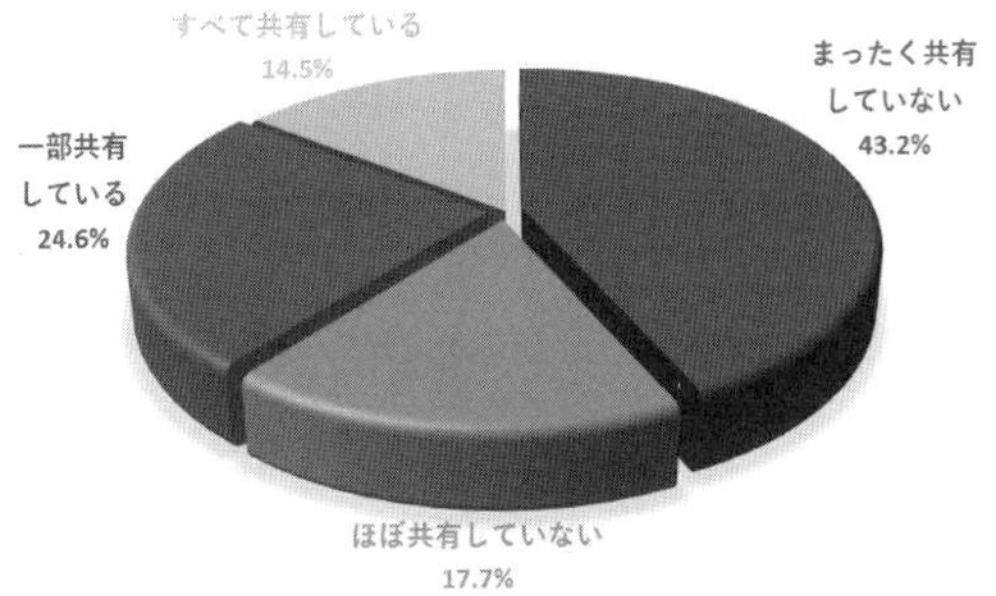

調査名：「コロナ下における中小企業営業部門のDX化の実態調査」
調査日：2020年11月4日～5日
回答者：従業員300名以下の企業に勤める男女（経営者含む）
回答数：491人
調査者：（株）展示会営業マーケティング

は、取引先がないというくらいの危機的な状況だからです。

弊社（（株）展示会営業マーケティング）が、従業員300名以下の企業に勤める男女（経営者含む）ビジネスマン491名に対して行った【コロナ下における中小企業営業部門のDX化の実態調査】でも、『あなたの会社は既存客や見込み客の名刺情報などの顧客情報をデータ化し、全社で共有していますか？』という問いに対して、60・9%もの人が、『まったく共有していない』、『ほぼ共有していない』と回答しています。

AI（人工知能）、IoT（モノのインターネット化）やRPA（ロボティック・プロセス・オートメーション）など最新のデジタル化ばかり気にされる企業が多いようですが、その前に、まずは営業の要となるメールアドレスの電子データ化、リスト化を直ちに始める必要があります。

2 全顧客の名刺情報をリスト化、全社員共有へ

この点をもう少し深掘りしていきます。あなたの会社では、既存客や見込み客のメールアドレスなどの顧客情報をどのように管理しているでしょうか？

営業マンの机の引き出しの中に名刺の束がある状態で、会社としては管理していないというケースも多いかもしれませんね。または、年賀状を出すから既存客の社名、住所、役職、名前はエクセルやはがきソフトに電子データ化してあるけれど、肝心のメールアドレスは電子データ化していない、というケースもあるかもしれません。

そういう方は、ちょうど良い機会だと思ってください。**これを機に社内の名刺情報を電子データ化して全社共有しましょう。**

以前は、手作業でエクセルなどに入力していく必要がありましたが、今では名刺を

スキャンすれば電子データになるアプリもあります。

実は、このように社内に埋もれている顧客情報を電子データ化し、全社で一元管理することはDX化の基本です。**まずは、既存客や見込み客のメールアドレスを電子データ化するところから、あなたの会社のDX化の第一歩を始めていきましょう。**

いかがでしょうか? ブログ記事や動画を『自前オンライン展示会』サイトに掲載し、それをメールマガジンで発信しながら運用していくイメージが、できてきたのではないでしょうか?

3 ブログは継続的に掲載し、作成者は持ち回りにする

この取り組みを一過性のものにせず、継続的に行うことが非常に重要です。ブログ記事や動画を定期的、継続的に更新していくのです。できれば2週間に1回、それが無理でも月に1回は掲載しましょう。

作成者は営業マンや社員さんの持ち回りにするのがお勧めです。あらかじめ、誰が

いつ作成するのかを、年間スケジュールとして決めておきましょう。細かいことですが、文体（「です・ます調」なのか、「である調」かなど）や語句（「私」か「わたし」かなど）のルールを設定することも重要です。

例えば、合計10人で持ち回りにするなら、2週間に1回の頻度で掲載したとしてもブログ記事や動画を作成するのは1人につき、年間たった2回だけです。これならあなたの会社でも十分できる気がしてきませんか？

そして、記事や動画の閲覧数を適時確認し、全社員で共有しましょう。**閲覧数の多い記事や動画をつくった人を表彰するなどのゲーム性を盛り込むことで、作成するモチベーションを高く保つことも有効**です。コンテンツ作成のゲーム化です。ゲーム化については、拙著「営業のゲーム化で業績を上げる」（実務教育出版）で詳しく解説していますので、興味がある方はご覧ください。

4 見込み客からのアクセスをリストという財産にする方法

以上の手順で、継続的に記事や動画を掲載していけば、『自前オンライン展示会』

サイトへの見込み客のアクセスが、必ず増えていきます。

しかしこれで満足していてはいけません。なぜなら、このままではせっかく興味を持ってアクセスし閲覧してくれた新しい見込み客の氏名、電話番号、メールアドレスなどの基本情報が得られておらず、こちらからアプローチする手段が何もない状態だからです。

記事や動画を見た見込み客が問合せをしてくれることもあるでしょう。でも閲覧だけしてそのまま痕跡を残さずに立ち去ってしまう見込み客の方が多いのです。

リアル展示会で言うと、ブースに立ち寄ってくれて話が盛り上がったけれど、名刺をもらうことができなかった、という状態です。これではもったいないですね。

こちらからアプローチするためには、最低でもメールアドレスが必要です。できれば、会社名、役職、氏名、電話番号などの情報もほしいですね。どうすれば、これらの情報を入手することができるのでしょうか?

5 オンラインセミナーで見込み客リストづくりを加速する

第一にやるべきなのは、次の章で詳しくお伝えする**オンラインセミナーへの参加を促す**ことです。『自前オンライン展示会』サイトに、直近で開催予定のオンラインセミナーのタイトル、日時、講師プロフィールなどを掲載し、メールアドレス、会社名、役職、氏名を登録すれば、オンラインセミナーに無料で参加できることを伝えるのです。

このようにすれば、徐々に見込み客リストを蓄積していくことができます。しかし、これだけでは不十分です。なぜなら、「オンラインセミナーに参加する」というのは、無料で参加できるとはいえ、自分の時間を拘束されることになるため、見込み客にとって、少しハードルが高いからです。

セミナー開催日時に、別の予定がある人もいるでしょうし、セミナー開催が2か月後などの場合は、「もう少し時期が迫ってから参加申し込みをしよう」と考えてそのまま登録するのを忘れてしまう人もいるかもしれません。これではもったいないですね。**オンラインセミナー参加よりももう少しハードルの低い、何かが必要なのです。**

6 「お役立ち資料ダウンロード」で登録のハードルを下げる

その何かとは、「お役立ち資料ダウンロード」です。見込み客が、ほしいと思う情報をまとめた小冊子ＰＤＦなどを作成し、メールアドレス、会社名、役職、氏名を登録すればダウンロードできるようにしておくのです。そして、この「お役立ち資料ダウンロード」の案内を、『自前オンライン展示会』に掲載している記事の文末や動画の終盤に伝えるのです。これなら、自分の時間を拘束されることもありませんから、気楽に登録できます。

このダウンロード資料は、製品カタログや価格表などでは絶対にいけません。それでは、ただの売り込みになってしまい、見込み客がほしいとは思わないからです。『自前オンライン展示会』に掲載するブログ記事や動画と同じ発想で、見込み客の悩みを解決する情報や明日から即使える便利なテンプレート集など、文字通り、見込み客の「お役に立つ」資料を作成しましょう。

お役立ち資料の例
（展示会営業マーケティングの場合）

無料お役立ち資料ダウンロード

https://tenjikaieigyo.com/dl/

弊社、展示会営業マーケティングもお役立ち資料を作成しています。次のURLからダウンロードして参考にしてみてください。

https://tenjikaieigyo.com/dl

このようにして、**見込み客のメールアドレス等を入手し、こちらからアプローチできるようにするのです。**メールアドレスを入手した見込み客については、前述の通り、『自前オンライン展示会』に新しく記事や動画が掲載された際には、その旨を、必ずメールマガジンでお知らせしていきましょう。

第6章
教える営業になる！「オンラインセミナー」実践法

1 『自前オンライン展示会』でのセミナーのつくり方

第4章でお伝えした内容でオンライン展示会を開催していくことで、少しずつ見込み客との接点が増え、見込み客のメールアドレスも蓄積されていきます。

しかし2つ問題があります。

それは、「見込み客との接点が増えるスピードが遅い」ということと、お役立ち資料を活用してメールアドレスを入手できたとしても、ブログ記事・動画を掲載した旨をメールで案内した後は、見込み客から問い合わせが入るのを待つしかない「受け身な姿勢である」ということです。

『自前オンライン展示会』は、接触自粛の中でも新たな顧客を獲得するために行う取り組みですから、見込み客接点のスピードは速い方が良いですし、**社内に勢いをつけるためには能動的な攻めの姿勢**であるべきです。

そこで、見込み客接点をスピーディーに増やしていくために、積極的な攻めの仕掛けをしていきます。**その仕掛けとは、『自前オンライン展示会』内で、オンラインセミナーを実施すること**です。

オンラインセミナーの1回あたりの時間は、講師が1名だけの場合は1時間から3時間、講師が複数名の場合は、リレーセミナーにして3時間から6時間程度で行うと良いでしょう。このようなオンラインセミナーを、3か月に1回程度、定期開催することで、新たな見込み客との出会いやその後の商談を加速させていくのです。

セミナーはZOOMやYouTubeライブなどの無料ツールを使ってオンライン配信します。もちろん、有料のオンラインセミナー配信システムを活用してもよいのですが、まずは、無料ツールからのスタートで十分です。

セミナーでは、単なる商材紹介や売り込みは厳禁です。それをやってしまうとせっかく接点を持った見込み客に悪印象をもたれ、逆効果になってしまいます。

『自前オンライン展示会』を立ち上げた時と同様に『教える』ということに徹しましょう。そして、セミナーのテーマは、『自前オンライン展示会』のコンセプトと連動したものにします。

セミナーテーマは出展コンセプト検討シートから導き出す

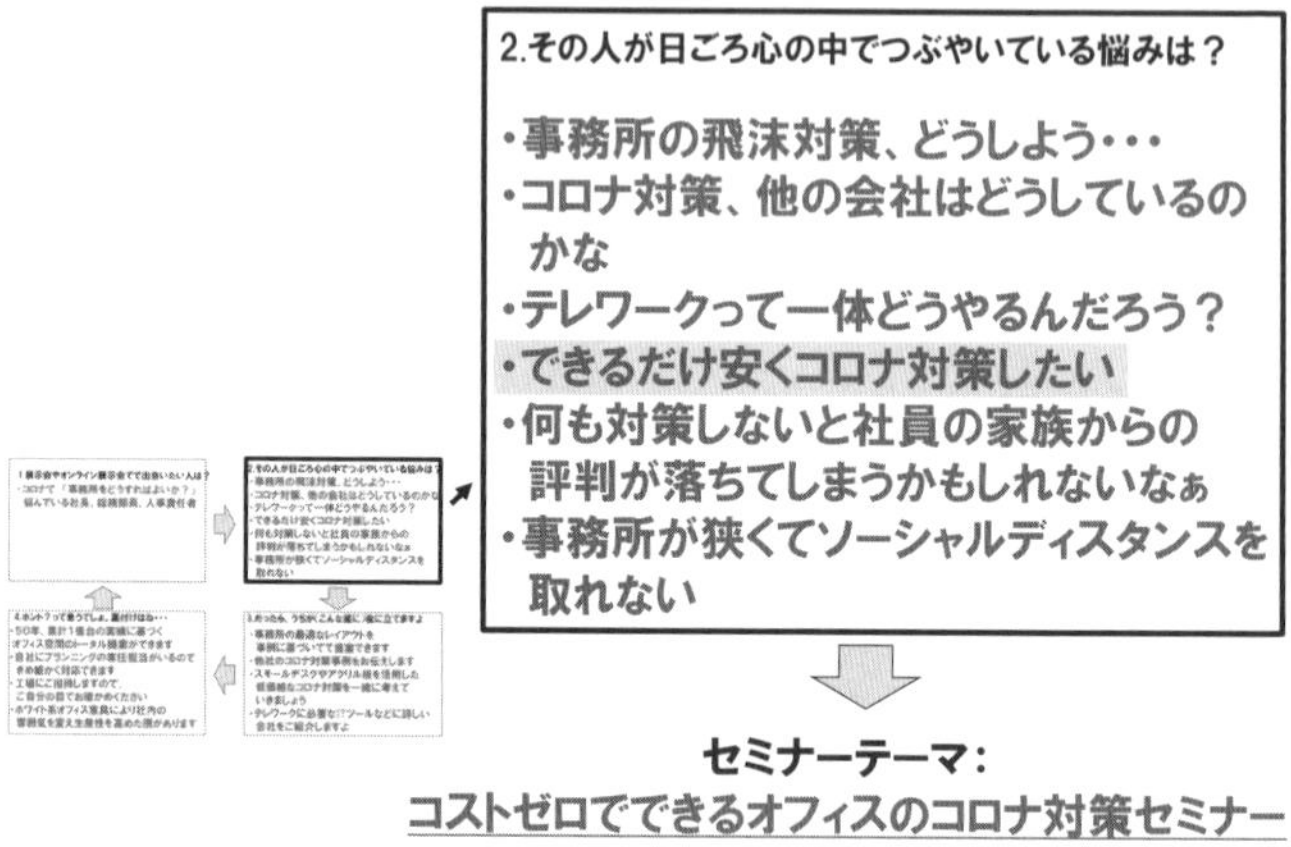
2.その人が日ごろ心の中でつぶやいている悩みは？
・事務所の飛沫対策、どうしよう・・・
・コロナ対策、他の会社はどうしているのかな
・テレワークって一体どうやるんだろう？
・できるだけ安くコロナ対策したい
・何も対策しないと社員の家族からの評判が落ちてしまうかもしれないなぁ
・事務所が狭くてソーシャルディスタンスを取れない
セミナーテーマ：
コストゼロでできるオフィスのコロナ対策セミナー

出展コンセプト検討シートの「2：その人が日ごろ心の中でつぶやいている悩みは？」に挙がっている悩みの解決方法を提示するようなテーマにすると良いでしょう。

例えば、第二章で例に挙げたトヨセットさんの場合なら、上の図の通り、**出展コンセプト検討シートの「2：その人が日ごろ心の中でつぶやいている悩みは？」の中にある「できるだけ安くコロナ対策をしたい」という悩みに対する解決方法として、セミナーのテーマを、「コストゼロでできるオフィスのコロナ対策セミナー」などとすると良い**でしょう。

2 オンラインセミナーづくり6つのパート

「なんとなくわかってきたけれど、商材紹介以外のセミナーなんてやったことないし、うちの会社にできるかなぁ・・・」

あなたは、そう思っておられるかもしれません。でも安心してください。

図のように、6つのパートにわけて内容をつくれば良いのです。

順番に見ていきましょう。

パート1：興味喚起

まずは、興味喚起のパートです。ハッキリ言ってしまうと人間は、自分の話は聞いてほしいけれど、できるだけ他人の話は聞きたくない生き物です。それは、わざわざ時間をつくってオンラインセミナーに参加する場合でも同じです。だから、**まず、参**

オンラインセミナーづくり　6つのパート

パート1：興味喚起

パート2：会社や講師の自己紹介

パート3：現状が押し下げられてしまう危険性

パート4：理想を押し上げることができる可能性

パート5：想い・志、目指している世界

パート6：行動要請

加者に

「ん？　この話は聞いておかないとマズいぞ！」

と強く興味づけをすることが重要なのです。

そのために、効果的なのが、参加者の既成概念を打ち破ることです。オンラインセミナーの参加者は、そのセミナーがどのような内容なのかをある程度予想しています。その予想通りに話が進んでいくと、「（心の声）あ〜、そういう内容ね。そうだと思ってた。はいはい。聞いたことありますよ」という状態になり、集中して視聴してくれなくなります。そうならないように、参加者の予想を裏切るのです。

弊社の場合を例に挙げます。弊社が売りたい商材は、「展示会出展を成果につなげるためのコンサルティング研修」です。ですから、オンラインセミナーのタイトルは、「展示会で圧倒的な成果を上げる3つの鉄則セミナー」などとなります。

すると、参加者は、「展示会が売上アップのためにいかに有効かをセミナーで伝えられるのだろうなぁ」と予想するはずです。**この予想を、セミナーの冒頭で裏切る**のです。

例えば、「ご存じですか？　実は、展示会に出展すると売上が下がります！」などと冒頭でおもむろに伝えるとどうなるでしょうか？

参加者は、「え？　なんで？　じゃぁうちは展示会出展をやめた方がいいってこと？どういうこと？　詳しく聞かなくちゃ・・・」という心理になり、セミナーに集中してくれるのです。

ここでの**ポイントは、誤解されても良いから強い球を投げる！**　ということです。

「展示会に出展すると売上が下がる」という例も、事実を正確に伝えているとは到底言えません。正確に伝達することを重視するなら、

「せっかく展示会に出展しても、きちんと戦略を練ってしっかり準備しないと手間ば

かりかかって、なかなか成果につながらず、出展しない方がマシだったという結果になってしまいますよ」と言う方が良いでしょうね。

でも、これではインパクトが弱いのです。ここでの目的は、参加者の興味を強烈に引きつけて、集中してセミナーを聞いてもらうことです。**誤解されても、後から真意をわかってもらえればいい、と割り切ってインパクト重視で、興味喚起のフレーズを考えてみてください。**

また、この時に、この興味喚起のフレーズを効果音とともに伝えると非常に効果的です。これは、動画で見ていただいた方が理解しやすいと思います。こちらからご覧ください。

https://tenjikaieigyo.com/7douga/

このように、音楽などを使って引きつける方法をエンタメプレゼンと言います。エンタメプレゼンとは、インタメクラブ主宰の渋谷文武氏が考案したメソッドで、内容

ウラ面

～本書の読者様限定　無料特典～

ノウハウ動画×2本
特別無料プレゼント

著者自身が行うオンライン展示会営業®研修（167万円　税別）の教材である24本410分のノウハウ動画の中から、

・「集客でき商材販売につながる
　コンセプト作成法」（20分）

・「見込み客の懸念を払拭《ふっしょく》する
　顧客の声 インタビュー術」（16分）

を特別無料でプレゼントいたします。
※著者自身が解説している動画です。

QRコードからアクセス！

https://tenjikaieigyo.com/dougapform
から本来有料のノウハウ動画を無料で手に入れて下さい

著者：清永健一の無料サービス一覧

◆YouTubeチャンネル 展示会営業®ちゃんねる
※**https://bit.ly/33X10wO** から、チャンネル登録し、ニューノーマル営業ノウハウを著者本人が解説する動画をご覧ください。。

QRコードからアクセス！

◆ 無料メール講座「展示会営業®7つの鉄則」
※**https://tenjikaieigyo.com/7mail**
からご登録ください。

QRコードからアクセス！

◆「オンライン展示会営業®セミナー」
※本書の読者限定で無料参加可能です。裏面をご覧ください。

展示会営業®
売上アップ実践会

出展コストの33倍売る！展示会営業®
https://tenjikaieigyo.com/

展示会営業®
マーケティング

だけでなくプレゼンでセミナーを差別化できる効果的な手法ですので、あなたもぜひ取り入れてみてください。

パート2：会社や講師の自己紹介

次に会社や講師の自己紹介をします。オンラインセミナーの参加者は、セミナーの序盤で会社や講師の値踏みをします。この会社や講師がどういう経歴で、どんな実績があるのか、自分が話を聞くに値するのかを無意識に判断しているのです。この点に応えるのが、この自己紹介パートです。

ただし、だからと言って、「会社としてこんなすごい賞を受賞した！」とか「こんなすごい経歴の講師です！」と実績だけを並べ立てるのはやめてください。こちらにそのつもりがなくても、自慢好きの鼻持ちならない会社や講師だと反感を持たれてしまう危険性があるからです。

ではどうすれば良いのでしょうか？　**キーワードは共感です。共感してもらえるような自己紹介をしましょう。**そのためのポイントは、良かったことだけでなく、悪かったこと、つらかったこと、悲しかったことも言う、ということです。人は、良かった

共感を生む会社・講師の自己紹介

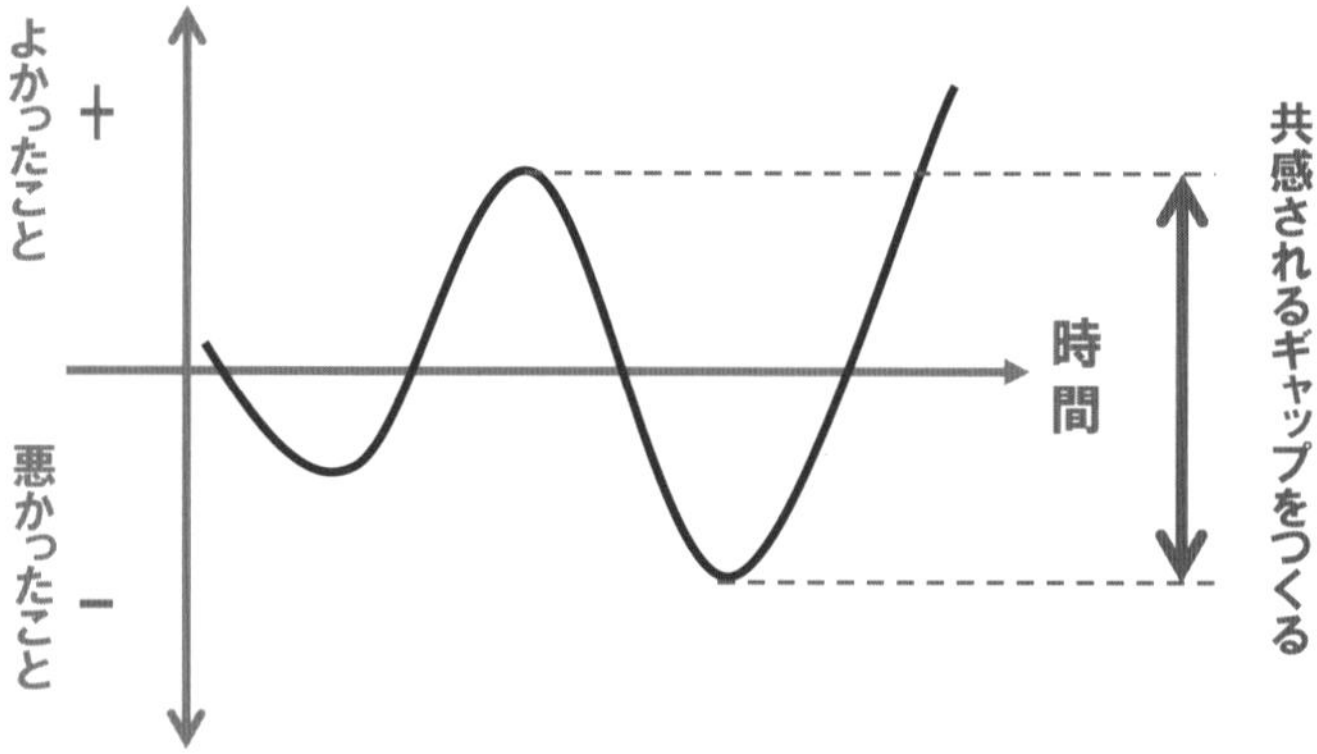

ことと悪かったことのギャップに共感共鳴し、感動するのです。

『こんな挫折があった（悪かったこと）けれど、努力してなんとか乗り越えた。そして、こんな実績を上げることができた（良かったこと）』というストーリーを語るのです。すると、参加者は、共感・共鳴し、この会社・人の話を聞こう、となり、セミナーへの集中力が高まるのです。

私の自己紹介動画をＵＲＬを記載しておきますので、参考にしてみてください。

https://tenjikaieigyo.com/7douga/

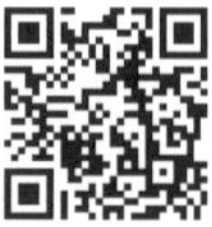

パート３：現状が押し下げられてしまう危険性

自己紹介で参加者からの共感を得たら、次に現状が押し下げられてしまう危険性を伝えます。あなたの売りたい商材を買わないままだと、どのような悲しい未来が待っているのかを伝えるのです。この時に、**参加者が想定しているよりも大きなマイナスを生む危険性があることを示唆するという点がポイント**です。

参加者は、あなたの売りたい商材を「買わないよりは買った方が良くなる」ことには、なんとなく気づいているケースが多いはずです。

しかし、一方で、「買わなくても現状のままでなんとかなる。まだ我慢できる」とも思っているのではないでしょうか？　この状態では、参加者にあなたの売りたい商材を買ってもらうことは難しいと言わざるを得ません。

例えば、弊社の場合なら、参加者は「展示会営業コンサルティングを受けた方が、展示会での成果が出る」ことには気づいておられます。

しかし、「展示会営業コンサルティングを受けなくても一定の成果は出る（と思う）。もし、成果が出なくても展示会出展にかけたコストや手間がムダになるだけだから、我慢できる」とも思っておられるのです。この状態では、展示会営業コンサルティングを買ってもらうことはできません。そこで、参加者が想定している以上のマイナスを生む危険性があることを伝えるのです。

例えば、「安易な展示会出展は、コストと手間がムダになるだけでなく、来場者にマイナスのブランドイメージを与えてしまったり、貴重な人材を流出させてしまう危険性すらあります」と伝えます。実際に、展示会場で閑古鳥が鳴くブースになってしまうと、それを見た来場者は「この会社はダメだな。この会社とは絶対に取引しないでおこう」と感じますし、そんなブースに立たされているスタッフは、「うちの会社はこんなに人気がないのか！　早めに転職しよう」と考えるケースが多々あります。

あなたの商材の場合は、どのようなマイナスを生む危険性があるか、考えてみてください。

ここで**一つ注意点があります。それは、「あなたの会社には、こんな悲しい未来が待っています！」と断定口調で伝えてはいけない**、ということです。

自社や自分の悲しい未来を想像するのは誰でも嫌なものです。それなのに断定口調で言われてしまうと、参加者には、「本当にそうなのか？」「なんでそう決めつけられるんだ」「売りたいから言ってるんじゃないか？」と疑う気持ちが出てくるからです。

ではどうすれば良いのでしょうか？　**答えは、「事例」で語る、**ということです。

「○○県にある従業員○人のある製造業さんの話なのですが、この会社では、【買わないより買った方が良くなる】と気づいていたのですが、まぁ【買わなくても我慢できる】と判断して買わずにいたところ、【想定以上のマイナスを生んでしまった】のです」

と事例で伝えるのです。

このように伝えると、参加者は、「あ〜、うちの場合も、そうなってしまうかもしれないなぁ」と自ら事例を自社や自分に置き換えて聞いてくれるのです。

実は、このパートが一番肝心です。なぜなら、人は、ゼロをプラスにしたり、プラスからさらにプラスを生み出すことよりも、「マイナスをゼロに戻したい」と思う時にもっとも迅速に行動するからです。

あなたも、現状が押し下げられる危険性を示唆する事例をつくってみてください。

パート4：理想を押し上げることができる可能性

続いて、理想を押し上げることができる可能性を伝えます。このパートは、「パート3：現状が押し下げられてしまう危険性」とセットになっていると考えてください。

「パート3：現状が押し下げられてしまう危険性」を参加者に自覚していただいたら、次にあなたの売りたい商材で、そのマイナスを回避できることを伝えます。

この時に、**参加者が想定しているよりも良い状態になることを伝えることが重要**です。参加者は、もともと、あなたが売りたい商材を購入すると良い状態になるとわかっています。それをそのまま伝えるだけでは参加者の想定内に収まってしまい、購買意欲を強く喚起することはできません。

例えば、弊社の場合だと、「展示会営業コンサルティングを受けると、展示会で大きな成果を出すことができる」というだけでは、参加者からすると「そりゃ、そうだろうね。そのためにお金を払うんだしね」という気持ちにしかなりません。

そこで、この想定を超えるプラスを提示します。例えば、「展示会営業コンサルティングを受講すると、展示会で成果が出ることはもちろん、社内の一体感が高まり、社内に勢いが出ます。しかも、マスコミなどへの露出も増えてブランドイメージが高まります」と伝えるとどうでしょうか？

実際に、弊社の展示会営業®プロセスで展示会出展に取り組むと、社内のセクショナリズムを打破できますし、展示ブースがテレビなどのマスコミに取材されたことも数多くあります

「そんなことまで実現できるならとてもいいなぁ。購入を真剣に検討しようかなぁ」と参加者は思うはずです。

これも、**参加者が自分事として捉えやすいように、事例で伝える方が効果的**です。事例のネタは、出展コンセプト検討シートの「4．ホント？ って思うでしょ。裏付けはね・・・」の中にあるはずです。

あなたもぜひ、参加者の購買意欲を高める事例を語ってほしいと思います。

パート5：想い・志、目指している世界

続いて、あなたの会社の想いや志、目指している世界を伝えます。セミナーではここまで参加者に提供できるメリットを伝えてきましたが、このパートでは、損得を超えたもっと大きな部分で共感してもらうことを狙います。

あなたの会社はなぜそのビジネスを行っているのですか？「利益を出すため」、「儲けるため」でしょうか。

それももちろん大切ですが、きっとそれだけではないはずです。

「こういう困っている人を助けたい！」、「世界のこういう不便を解消したい！」、「こういうことで日本を元気にする！」というような想いをお持ちだと思います。

第二章で、あなたにお尋ねした「あなたは何屋さんですか？」という問いに答える時にも考えていただいたはずです。こういった想いや志を恥ずかしがらずに、堂々と伝えてほしいのです。

その際にも、前述のエンタメプレゼンを使うと効果的です。弊社の想いをエンタメプレゼンでお伝えしている動画のＵＲＬを記載しておきます。参考にしてみてください。

https://tenjikaieigyo.com/7douga/

パート6：行動要請

さぁ、ここまで来たら、最後の仕上げです。**単に「良い話を聞けて良かった」というだけで終わらせないために、行動要請をします。**行動要請とは、参加者に次のステップに進む具体的なアクションを促すことです。行動要請の具体的なアクションが、「個別相談」の場合は、このようにお伝えするとよいでしょう。

「実は、このオンラインセミナーをここまで聞いていただいた方に特典をお付けしています。というのも、このセミナーでは、複数の方にお話しするので一般論的にならざるを得ません。でも実際には、皆様の抱えておられる問題点は様々だと思います。せっかくこのセミナーをお聞きになっていただいたわけですから、皆様の抱えておられる問題点を特定するところまでは、講師である弊社の義務であり、参加者である皆様の権利だと考えます。

そこで、通常1時間○万円で設定させてもらっている個別相談を、1時間という限られた時間にはなりますが、先着○社に限り、無料で対応させてもらいます。本気で成果を上げたい方は、この無料個別相談を活用されると良いと思います」

行動要請の具体的なアクションは、個別相談以外にも、診断、点検、リサーチなど参加者にメリットがあるものが良いでしょう。

いずれにしても、**オンラインセミナーでは、単に、「ご清聴ありがとうございました」と終わるのではなく、必ず、次のアクションを提示して行動要請する、ということを肝に銘じておいてください。**

以上、6つのステップでオンラインセミナーづくりについて考えてきました。いかがでしょうか？　**商材の説明がまったくないことにお気づきになったと思います。**ニーズが顕在化している見込み客には商品説明をしても良いのですが、潜在ニーズ段階の見込み客には、商品説明は売り込みと捉えられ、逆効果になります。

私たちは、日ごろの営業活動では、ニーズが顕在化している方と対話する機会の方が多いため、ついその感覚で商材の詳細を説明したくなります。しかしオンラインセミナーの参加者の多くは、まだニーズが顕在化していない潜在顧客です。商材の説明は極力しないようにご注意ください。

売りたい商材が変わっても、この「オンラインセミナーづくり6つのパート」に沿えば、新たなセミナーを簡単につくることができます。また、同じ商材であっても、パート1、3、4を変えれば、手間をかけず**効率的に新たなセミナーを完成**させられます。このようにして、セミナーを量産し、3か月に一回程度の頻度で、オンラインセミナーを開催していきましょう。

オンラインセミナーは、**必ずレコーディング（録画）しておき、その動画を『自前オンライン展示会』に動画コンテンツとして公開**していきましょう。オンラインセミナーの開催は、『自前オンライン展示会』のコンテンツの充実にもつながるのです。

3 『自前オンライン展示会』セミナーの集客6ステップ

「初心者には集客が難しいのではないですか？　広告費も高額になるのでは・・・」
オンラインセミナーの開催をお勧めすると、かなりの確率でこう心配されます。
でも安心してください。**図のように、6ステップで進めていけば良いだけです。**しかも、**オンラインセミナーへの集客は、費用ゼロでできてしまいます。**

それでは、簡単かつ、費用ゼロ円で進めるオンラインセミナーの集客を、弊社が実際に実施した「リモート営業オンライン展示会」の例を挙げながら前述の6ステップに沿ってお伝えしていきます。

ステップ1：テーマ設定

自前オンライン展示会で行うオンラインセミナーの集客において、最初にやるべきで、かつ最も重要なのは、テーマ設定です。

オンラインセミナー集客　6ステップ

ステップ1：テーマ設定

ステップ2：プレスリリース

ステップ3：メディア露出をネタにド新規客にアタック

ステップ4：既存客、休眠客、商談中客にフォロー

ステップ5：関連する企業への参画依頼

ステップ6：知名度のある講師の基調講演セット

『自前オンライン展示会』内で行うセミナーのテーマ設定については、すでにお伝えした通り、出展コンセプト検討シートの「2：その人が日ごろ心の中でつぶやいている悩みは？」に挙がっている**悩みの解決につながるもの**にすると良いのでしたね。

さらに、ここでは、テーマ設定について、集客の観点からも考えてみます。

集客の観点からのオンラインセミナーのテーマ設定のポイントは、次の2つです。

・世間や見込み客の関心が高いものにすること

・自社が売りたい商材と関連があるものにすること

セミナーの集客をするためには、世間や見込み客の関心が高いものであることが重要ですし、かつ最終的に商材が売れなくては集客しても意味がないですから、自社が売りたい商材と関連があるテーマにするということも大事です。

逆に、絶対にやってはいけないのは、繰り返しになりますが、売りたい商材を単に説明するだけの内容をテーマにするということです。これでは、「売り込み感」が出て逆効果になってしまいますし、そもそもよっぽどその商材に興味がある人しか参加してくれません。そのような人はわざわざオンラインセミナーを行わなくても、買ってくれるはずです。

オンラインセミナーの「テーマ設定」について、弊社で行った具体的事例で掘り下げていきます。

弊社が売りたい商材は「展示会営業コンサルティング」です。だからと言って、「展示会営業コンサルティングのカリキュラムの詳細を紹介するセミナー」という直接的なテーマにしてしまうと、多くの方の参加は見込めませんし、「下手に参加したら激しい売り込みをかけられるかも」と警戒されてしまいます。

では、どうすれば良いのでしょうか？　それは、**売りたい商材で解決できる見込み**

世間や見込み客からの関心が高く、売りたい商材と関連があるテーマにする

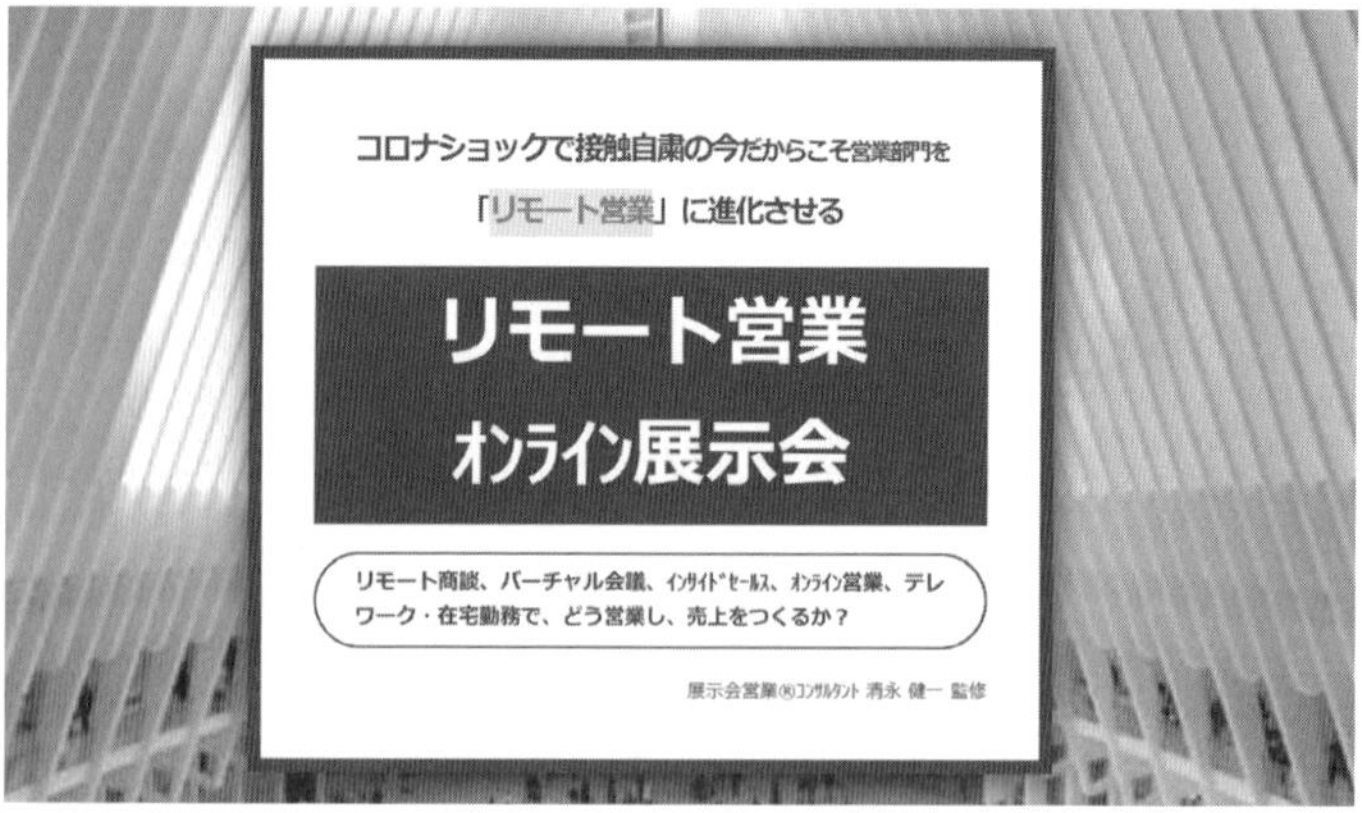
コロナショックで接触自粛の今だからこそ営業部門を
「リモート営業」に進化させる
リモート営業
オンライン展示会
リモート商談、バーチャル会議、インサイドセールス、オンライン営業、テレワーク・在宅勤務で、どう営業し、売上をつくるか？
展示会営業®コンサルタント 清永 健一 監修

客の悩みに直撃することです。

弊社の見込み客は、コロナ下による接触自粛で、営業活動がままならず困っておられます。そして、弊社の「展示会営業コンサルティング」は、その内容を**オンラインに転用することによって、接触自粛でも効果的に営業活動をすることが可能**です。

どうやら、弊社が開催するオンラインセミナーのテーマは、**「コロナ下、接触自粛の中でも営業活動を加速させる方法」**とすると良さそうです。

さらに、パッと見て見込み客に伝わるように、ネーミングをキャッチーにすると良いです。弊社の場合は、「コロナ下、接触自粛の中でも営業活動を加速する方法」の

ことを「リモート営業」と名付けました。

こうして、弊社は、オンラインセミナーのテーマを「コロナ下、接触自粛でも新規顧客を獲得するリモート営業セミナー」としたのです。

ステップ2：プレスリリース

テーマ設定ができたら、次は、メディア露出作戦を展開しましょう。**『自前オンライン展示会』**の存在やその中で開催するオンラインセミナーをプレスリリースするのです。

プレスリリースとは、自社の取り組みやイベントを、テレビ・新聞・雑誌などに発信して取り上げてもらおうとする広報活動の一環です。展示会の開催内容を**A4用紙2枚程度にまとめてFAXなどでメディアに**送りましょう。

この時の注意点は、リリースの内容に商売色を一切出してはいけないということです。新聞、テレビなどのメディアは、一企業のビジネスの片棒を担いだと思われることを極度に嫌います。

では何を書くかと言うと、それは、社会性とニュース性です。

・なぜこのイベントをやるのか？
・このイベントがどう世のため人のためになるのか？
・このイベントがどれだけ人（業界）に注目されているのか？

メディアは**世間が興味を持つ情報を欲しがっています。**なぜなら、それが彼らの事業収益を生む視聴率や購読部数に直結するからです。相手が何を欲しているかを理解することが重要なのは、相手がメディアでも、見込み客に対する場合とまったく同じだと考えましょう。

弊社が実際に送ったプレスリリース原稿を掲載しておきます。ぜひ参考にしてください。

こうした自力の取り組みによって、うまくメディア掲載されれば一番良いのですが、なかなか壁が厚いケースもあると思います。

いったん自力でやってみて反応がない場合は、有料のプレスリリース配信サービスを使ってみることをお勧めします。有名なものだと『ＰＲ ＴＩＭＥＳ』（ピーアー

プレスリリースの例

2020年4月16日
株式会社展示会営業マーケティング
https://tenjikaieigyo.com/

＊＊＊＊＊担当ディレクター様

コロナの終息を「前向きに」あきらめ、中小企業を進化させる
「リモート営業オンライン展示会」開催

株式会社展示会営業マーケティング（本社：東京都新宿区、代表取締役社長：清永 健一）は、2020年4月28日、専門家6名による「リモート営業オンライン展示会」を開催します。

私たちは、コロナの終息を願うことを「前向きに」あきらめるべきだと考えています。むしろ、この状況が3年続いても対応できるように、営業部門を「リモート営業」に進化させるべきです。私たちは、そのために、外出できなくても売上を上げることのできるお役立ちノウハウを無料公開し、全国の中小企業の営業活動を支援します。

「日本の専門コンサルタント100」に選出
株式会社展示会営業マーケティング
代表取締役社長　清永 健一

コロナショックで外出できない今だからこそ営業部門を
「リモート営業」に進化させる
リモート営業
オンライン展示会

「リモート営業　オンライン展示会」の概要

①オンライン展示ブース
上記6名による、予算ゼロ、知識ゼロで明日から始められるリモート営業ノウハウを無料公開中
https://onlinetenjikai.com/

②オンラインセミナー（リレー形式）
■日時：4月28日（火）13時～17時
■配信方法：オンライン会議室ZOOM、YouTubeライブ、Facebookライブで配信
■内容：
・「中小企業こそオンライン展示会営業」　（㈱展示会営業マーケティング代表取締役 清永 健一）
・「Googleツールや Zoomの営業活用法」　（㈱ホワイトアフィリエイト 代表取締役 尾谷 昌彦）
・「在宅で見込客を生み出す営業手法」　（㈱エクレアラボ 代表取締役 高山 恵一）
・「プレスリリースを活用した営業手法」　（中島PR 代表 中島 史朗）
・「動画マーケティングの徹底活用法」　（㈲ビディア 代表取締役 酒井 統史）
・「テレワーク時代の営業の進め方」　（「営業ムダとり」Ⓡコンサルタント　世古 誠）
※詳細　https://onlinetenjikai.com/

今後も私たちは、中小企業に本当に役立つ新しいノウハウを、随時追加していく予定です。少しでも中小企業のお役に立つことを心から願っています。

本プレスリリースについてのお問い合わせ先

株式会社展示会営業マーケティング　代表取締役社長：清永 健一（きよなが けんいち）
Mobile phone：090-1968-0468　Mail：kiyonaga@tenjikaieigyo.com　東京都新宿区西新宿7-2-5

経営者がテレビ・ラジオなど主要メディアに露出することは非常に効果的

著者：清永健一の例

▼テレビ出演

▼ラジオ出演

▼著書がテレビ報道番組「ニュースモーニングサテライト」で紹介

ルタイムズ）というサービスがあります。

多少のお金はかかりますが、効果は間違いなく出ます。弊社の場合は、『アットプレス社』という配信サービスを使ってみたのですが、費用は、わずか65780円でした。そして、**大手新聞社のWEB版を含む合計63個のWEBメディアに掲載**されました。

このように、プレスリリースを積極的に行いましょう。苦労する分、ここをクリアすれば、オンラインセミナーの集客数に格段の違いが出てきます。

また、余談になりますが、経営者の人柄、個性、想い・志など「人」にフォーカスすることによって、テレビなどの主要メディアに取り上げられる可能性もあります。私自身もこうした取り組みにより、テレビやラジオに露出しています。

ひとつ、注意点があります。テレビに出演することができたとしても、その動画をそのままサイトにアップロードするのは絶対にやめてください。その動画の著作権はテレビ局に帰属するため、著作権侵害になってしまうからです。

でも、せっかくテレビに出演したなら、それを見込み客にも伝えたいですよね。そんな場合は、出演前の準備の様子や出演後のホッとした表情などをメイキング動画としてアップロードしましょう。この方法ならテレビ局の著作権を侵害することはありません。

このように経営者自身がメディア露出することによって、あなたの会社のブランディングが一気に進みます。

経営者のメディア露出にはコツがあります。詳細は、こちらの記事をご覧ください。

https://tenjikaieigyo.com/mediashatyo/

ステップ3：メディア露出をネタに新規客にアタック

プレスリリースによってメディアに取り上げてもらうことができたら、次はそれをネタにして、意中の新規企業に、メールやTELコールをしながらオンラインセミナーへの参加を促していきましょう。

「メールや電話で参加を促す・・・そんなことをして本当に参加してくれるかなぁ・・・」

確かに、武器が何もない中でこれを行うのはかなり大変です。

しかし、これが、あなたの会社が開催するオンライン展示会やオンラインセミナーがメディアに取り上げられた後ならどうでしょうか？

営業マン「こんにちは！　株式会社○○です。

先日、弊社の[redacted]オンライン展示会が、○○新聞さんに取り上げていただきまして、『もう少し詳しく教えてほしい』とおっしゃる方が非常に多いのでお電話しています。御社のお役に立つ内容になっていると思います。

今なら無料で参加できますので、よろしければ参加登録用のURLをメールでお送りしますが、いかがしましょうか？」

見込み客「え？　○○新聞さん？　■■展示会？
　■■には少し興味があります。どういうことか詳しく教えてください」

　このようにスムーズにオンラインセミナーへの参加を促せるはずです。この会話と同様の内容をメールで送ることも効果的です。『自前オンライン展示会』サイトの「お役立ち資料」をダウンロードした見込み客に送ると反応率が非常に高くなるはずです。

ステップ4：既存客、休眠客、商談中客へのフォロー

「ステップ3」と同じことを、既存客、休眠客、商談中客にも電話やメールでアタックしましょう。

同じことなのに、わざわざ、新規客と既存客・休眠客・商談中客のステップを分けているのは、せっかく『自前オンライン展示会』を開催しオンラインセミナーを実施するからには、新規客を中心に集客をしていただきたいからです。

既存客、休眠客、商談中客のような、あなたの会社のことをすでに知っている人な

ら、新規客よりも楽に集客できるはずです。

一斉にメールを送る際は、営業マン個人がそれぞれに送るのも良いですが、それだと時間がかかりすぎますので、**メール配信スタンドを活用して、一括送信すると良いでしょう。**メール配信スタンドの中には無料で使えるものもあります。

「一括送信だと手抜きだと思われるんじゃないか？」

そう思ったあなたも安心してください。メール配信スタンドを使えば、相手の会社名やその人の名前をメール文面に自動で記載することができます。受け手には、自分のためだけにメールが送られてきたように感じてもらえるのです。

ステップ５：関連する企業への参画（集客）依頼

もしも、自社以外にも集客をしてくれる企業があれば、オンラインセミナーの集客が非常に楽になると思いませんか？

実は、そんな方法があるのです。**『自前オンライン展示会』のコンセプトに関係がある企業に集客協力を依頼する**のです。

ただし、ストレートに協力を依頼するわけではありません。まず、自社と客層が共通していてかつ商材が競合しない企業をリストアップしましょう。そして、その企業の経営者や担当者に、**「講師」としてオンラインセミナーに登壇いただくことを依頼**するのです。

依頼の仕方は次のようにしていくのがスムーズでしょう。

「弊社で、■■というテーマでオンライン展示会を開催しており、今回、オンラインセミナーを行います。このオンラインセミナーには、御社の見込み客もたくさん参加されると思います。よろしければ、講師として、このオンラインセミナーに登壇していただけませんか？」

「あなたの会社の見込み客がたくさん集まっている場所をオンライン上につくります。そこで、講師としてオンラインセミナーをやってくれませんか？」

このように依頼されたらほとんどの企業が「ＹＥＳ！」と答えるはずです。無料で自社や商材をアピールできる場ですし、「講師」という特別な響きは人の気持ちを高揚させます。そして、依頼を受けてくれた後でこう言います。

「よろしければ、**御社の既存客や見込み客にも、このオンライン展示会をメールや電**

セミナー登壇企業に渡す案内メールひな型

様

いつも大変お世話になっております。
株式会社＊＊の〇〇です。

弊社の□□が、
202*年**月**日に開催の
〇〇オンライン展示会内オンラインセミナーに
登壇することになりました。

（この〇〇オンライン展示会は
＊＊＊や＊＊＊などメディアにも取り上げら
非常に話題になっているものです。）

―――――――――――――――――

〇〇オンライン展示会_第〇回オンラインセミナー

◆日時：202*年＊月＊＊日　**時から**時

◆セミナースケジュール
:「セミナータイトル」講師名
:「セミナータイトル」講師名
:「セミナータイトル」講師名

◆参加費：無料

◆参加登録：
>> https://（オンライン展示会のページ）

―――――――――――――――――

御社のお役に立つ情報をお伝えできると思います。
無料でご参加いただけますので、ぜひ、こちら
>> https://（オンライン展示会のページ）
から参加登録をお願いします。

話でご案内してください」

その会社もせっかくセミナー登壇するのですから、自社の顧客や見込み客にも聞いてほしいはずです。ですから、この答えも即決で「YES！」になるわけです。

その際に、「案内メールのひな型」を用意してあげるとより良いでしょうね。

案内メールのひな型は、次のようなイメージになります。

参画依頼や集客依頼をする際に最も重要なことは、「WIN-WIN」の関係性づくりです。相手のメリットを十分に考えて依頼しましょう。また、オンラインセミナーの申込受付の際に、複数の企業が申込者の情報を共有する旨を規約に明記することも

忘れないようにしましょう。

ステップ6：知名度のある講師の基調講演セット

さらに、余力があれば基調講演のセットも行いたいです。具体的には、設定したテーマにおける権威のある方、大学教授や有名人、芸能人にオンラインセミナー上で登壇をしてもらうのです。

この効果は絶大です。知名度やネームバリューによって多くの集客を見込めます。

依頼方法の一例をご紹介していきます。

「今回、○○でお悩みの方に微力ながらお力になりたく、○○オンライン展示会内でオンラインセミナーを開催します。

今、コロナ下によって多くの方が苦しんでおられます。(※コロナ下はたとえです。このように社会性のあるキーワードを盛り込みましょう)

みんなで力を合わせてこの苦境を乗り越えたいと考えて企画しました。

そのためにも、ぜひ○○様のお力をお借りしたいと強く思っております。

お忙しい中とは存じますが、基調講演にご登壇いただけませんでしょうか?」

リモート営業オンライン展示会の基調講演

日本テレビ「スッキリ」のコメンテーターで
経営コンサルタントの坂口孝則氏が基調講演に登壇

このように真剣に依頼すると、「絶対にムリ」と思っているような方でも、引き受けてくれるケースも数多くあります。もちろん、講演料の支払いが別途必要になりますが、それほど高額にならないケースがほとんどです。なぜなら、**オンラインセミナーの場合、ＺＯＯＭなどで自宅から講演すれば良いだけなので、交通費や宿泊費がかからないからです。**ぜひ、ダメ元でチャレンジしてみてください。

弊社が開催したリモート営業オンライン展示会でも、序章で対談させていただいている経営評論家・坂口孝則さんに、基調講演をお願いしたところ、坂口さんのご厚意により快くご登壇いただくことができました。

基調講演の3週間前に行った、坂口孝則さんと私のZOOM対談の動画があります。とても示唆に富んだ内容です。こちらからご覧ください。

https://tenjikaieigyo.com/7douga/

『自前オンライン展示会』で行うオンラインセミナーの集客に費用がかからず、しかも簡単にできることがお分かりいただけたのではないでしょうか？

もちろん、費用をかけて広告（検索すればたくさん出てきます）を出せば、さらに参加者数を増やすことができます。しかし、まずは、無料の範囲で、一刻も早く取り組み、社内に勢いをつけることをお勧めします。

オンラインセミナーはリアル開催のセミナーと異なり、前日や当日に一気に参加者が増える傾向があります。**開催1週間前になっても定員の半分くらいしか集まっていないことが、著名な企業や団体でもザラ**にあります。

なかなか参加者が集まらなくても諦めずに、最後の追い込みに力を入れて、見込み客リストを増加させせましょう。開催当日、「今、開催中です」というメールを送るだけでもかなりの数の参加者が集まります。ぜひ試してみてください。

4 ZOOMとYouTubeライブを活用！費用ゼロでセミナー配信する方法

オンラインセミナーの配信にも、ほとんどお金がかからない方法があります。

そのやり方とは、オンライン会議ソフト：ZOOM上でセミナー講演をし、その様子を動画共有サービス：YouTubeのライブ機能（YouTube Liveと言います）で配信するという方法です。

厳密に言うと、**ZOOMの無料版では3人以上のミーティングの場合、40分経つと切断されてしまうので**、有料のプロ版を契約する必要がありますが、その費用はわずか月額2000円程度です。

もちろん、ZOOMでなく、Google Meetなどのオンライン会議ソフトを活用しても構いません。

ZOOMをプラットフォームとしてセミナー講演をし、その様子をYouTube

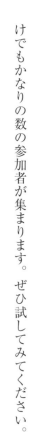

Youtube LiveとZoomを組み合わせて無料配信

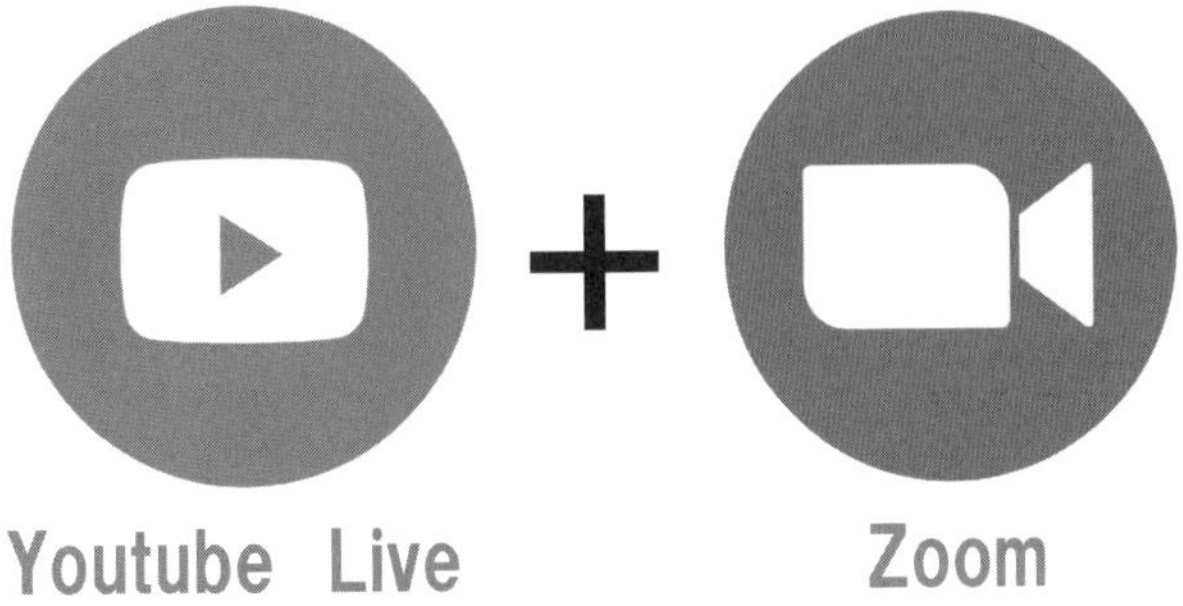

Liveで配信する詳しい方法を、オンラインセミナー開催の流れとあわせて、私が動画で解説しています。こちらからご覧ください。

https://tenjikaieigyo.com/7douga/

5 微差が大差を生むオンラインセミナー運営法

いよいよオンラインセミナー開催への最後のステップとなります。

オンラインセミナーの運営は、セミナー開催日の前からすでに始まっています。

あなたは、ザイアンスの法則をご存じでしょうか？　ザイアンスの法則とは、人は、繰り返し接すると好意度や印象が高まるという効果のことで、アメリカの心理学者ロバート・ザイアンスが提唱したものです。

このザイアンスの法則を活かし、**参加者にこまめにメールをお送りすることで接触回数を増やし好感度を高める**のです。

参加者にメールを送るタイミングと内容は次の通りにすると良いでしょう。

1、申し込み後の自動送信メール

2、開催一週間前メール

3、前日メール

4、当日開始前メール
5、開催中メール
6、終了後お礼メール（アンケート依頼）

このように計6回送っていきます。オンラインセミナーはリアル開催のセミナーと異なり、移動を伴わないので、参加登録をしたものの、そのことを忘れてしまっている人もいます。そのためしつこいくらいにこまめにメール送信する必要があるのです。

弊社が、リモート営業オンライン展示会の、第一回オンラインセミナーの際に参加者に実際にお送りした6つのメールの文面を、ダウンロードできる特典をご用意しています。こちらから、ダウンロードしてご活用ください。

https://tenjikaieigyo.com/omhinagata/

また、終了後のお礼メールではアンケートを依頼しましょう。アンケートはセミナーの満足度を聞くような内容ではなく、『自前オンライン展示会』のコンセプトに沿って、参加者の問題意識がどこにあるかをリサーチする内容にすると良いでしょう。

オンラインセミナー後のアンケートの例
（リモート営業オンライン展示会の場合）

リモート営業
オンライン展示会

【第３回リモート営業オンライン展示会】アンケート

*必須

メールアドレス *

お名前 *

会社名・屋号・商号など *

新型コロナによって、新規問い合わせ数はどのように変化していますか？ *

- 大きく増えている
- 増えている
- 変わらない
- 減っている
- 大きく減っている
- わからない

現在、営業にＺＯＯＭなどを活用したリモート商談を取り入れていますか？ *

- 全ての商談で取り入れている
- 少し取り入れている
- 取り入れることを検討している
- 取り入れる予定はない
- わからない

マスクありのリアル商談とマスクなしのリモート商談、どちらの方がやりやすいですか？ *

- マスクありのリアル商談
- マスクなしのリモート商談

新型コロナによって、顧客との一日あたりの商談件数（リモート商談含む）はどのように変化していますか？ *

- 大きく増えている
- 増えている
- 変わらない
- 減っている
- 大きく減っている
- わからない

新型コロナによって、受注数はどのように変化していますか？ *

- 大きく増えている
- 増えている
- 変わらない
- 減っている
- 大きく減っている
- わからない

新型コロナウィルスによる、営業活動の悩みの中で最も困っているのはどれでしょうか？ *

今後どのような営業施策に注力していきたいですか？いくつでもお答えください *

- ＦＡＸ活用
- ＤＭ活用
- 電話営業
- 紹介獲得
- インサイドセールス体制の構築
- ＺＯＯＭなどを活用したリモート商談
- メルマガ
- ホームページ刷新
- ＳＮＳの活用
- ＷＥＢ広告
- 通販サイトの開設・強化
- オンラインセミナーの開催
- 動画活用
- オンライン展示会
- プレスリリース
- ＩＴツール活用
- 新商品開発
- 営業マン教育
- わからない
- その他

その他、ご意見・ご要望・ご参加いただいた感想など、ご自由にご記入ください

リモート営業オンライン展示会　第一回オンラインセミナーの際のアンケートを参考にしてみてください。

このアンケートの回答データを活用し、『自前オンライン展示会』に掲載するブログ記事や動画、次回のセミナー内容に反映させていくのです。次回セミナーの際にも、アンケートを募り、それをまた、『自前オンライン展示会』に反映させるというサイクルが回っていくようにします。

このようにしていくと、参加者とあなたの会社が力を合わせて、悩みに対する解決策をつくっていっているという一体感が生まれます。一体感を持った参加者はあなたの会社の商材を購入してくれる優良客になっ

ていくはずです。

当日の運営も重要です。ここでは、セミナー講師が２人以上いる場合の運営について、参考になる動画を用意しました。

弊社が２０２０年４月28日に初開催したリモート営業オンライン展示会の第１回オンラインセミナーの動画をご覧ください。全部見ていると４時間かかりますから、２倍速などでザっと見てイメージをつかんでください。

https://tenjikaieigyo.com/7douga/

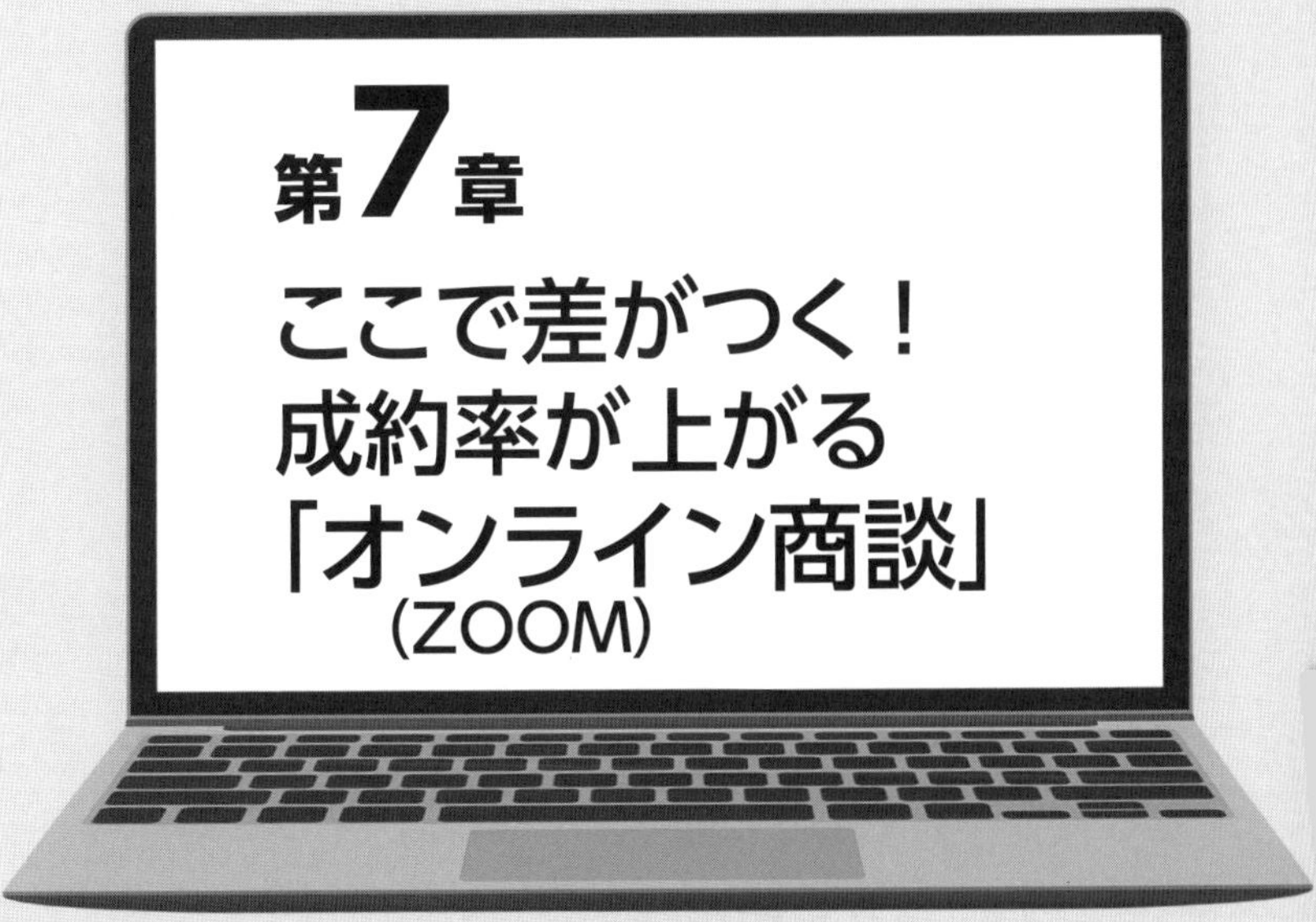

第7章

ここで差がつく！成約率が上がる「オンライン商談」(ZOOM)

1 「マスクあり」のリアル商談 VS 「マスクなし」のオンライン商談

オンラインセミナーを終えたら、その参加者にフォロー営業をしていきます。フォロー営業とは、つまり**商談、クロージング**のことです。

受注のためには、ある意味ここからが本番と言っても良いかもしれません。

以前なら見込客企業に出向いて、直接対面してリアルに身振り手振りを交えて商談することができたのですが、コロナ下では多くの企業が、**「社員にできるだけ人と接触してほしくない」**、**「良くわからない人に社屋に来てほしくない」と思っています。**

そもそも、見込み客企業に訪問しても、商談したい相手が在宅勤務で社屋にいないということもあります。ですから、ZOOMなどを活用した**オンライン商談を取り入れていかざるを得ないのが現状**です。

ここで、あなたにひとつ質問があります。

「マスクありリアル商談とマスクなしのオンライン商談、どちらがやりやすいですか?」

マスクありのリアル商談 VS マスクなしのオンライン商談

あなたは、下記のうち、どちらがやりやすいと思いますか？
「同じ場を共有できるけれど表情がわかりにくいマスクをつけたリアル商談」
「離れた場所からの対話になるけれど表情がわかるマスクをつけないオンライン商談」

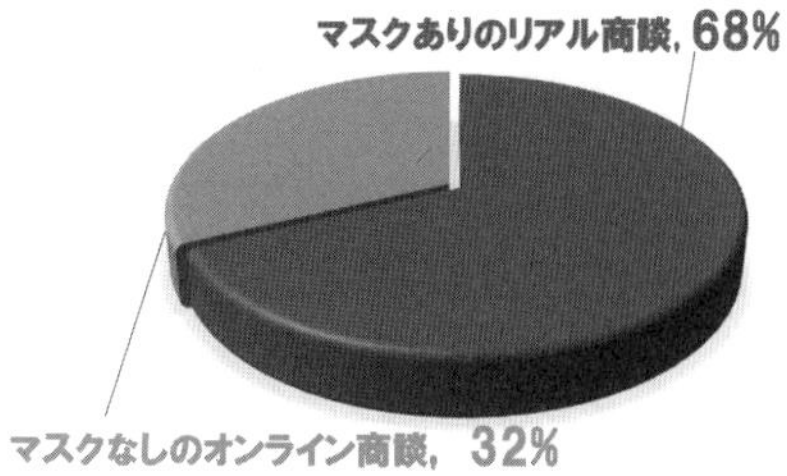

調査名:「コロナ下における中小企業営業部門のDX化の実態調査」
調査日:2020年11月4日～5日
回答者:従業員300名以下の企業に勤める男女（経営者含む）
回答数:491人
調査者:(株)展示会営業マーケティング

マスクありのリアル商談は、同じ場を共有して空気感を感じることができますが、お互いにマスクをしているので表情が良くわかりません。

一方で、マスクなしのオンライン商談は、それぞれ異なった場所にいますから**場の空気感は共有できませんが、マスクをしていないので相手の表情はハッキリわかります。**

あなたは、どちらの方がやりやすいでしょうか？

弊社（（株）展示会営業マーケティング）が、従業員300名以下の企業に勤める男女（経営者含む）ビジネスマン491名に対して行った【コロナ下における中小企業営業部門のDX化の実態調査】では、上の円グラフのような結果になりました。

マスクをつけたリアル商談の方がやりやすいという回答が70・3％です。この結果は、あなたの実感と合致していますか？

私にとって、この結果は正直に言うと、かなり意外でした。私自身はマスクなしのオンライン商談の方がマスクありのリアル商談よりも格段にやりやすいと感じているからです。

私は、コロナ下でマスクをして商談をするようになってはじめて、自分自身がこれまで、相手の口元の表情を見ることでいかに多くのことを読み取っていたか、自分の口元の表情を見せることでいかにさまざまなことを伝えていたかを認識しました。

つまり、私にとって、**マスクをせざるをえないコロナ下のリアル商談は、やりにくくて仕方がない状況だった**のです。

しかし、前述のアンケートによると私は少数派のようです。７割以上の人が、マスクで表情が見えなくても、オンライン商談よりリアル商談の方がやりやすいと感じているのです。この結果は、多くの人が、オンライン商談を苦手と感じているという事実を如実に表しています。

しかし、コロナがもたらした接触自粛は、残念ながらまだしばらく続くと考えざるを得ません。それに**一度動き出した「便利で効率的な」オンライン化は、時代の流れであり、**不可逆的なものです。

今から15年以上前、私がまだケーブルテレビの営業マンだったころは、たとえ、相手先の携帯電話番号を知っていても「いきなり携帯にかけるなんて失礼だ。まずは会社の固定電話に連絡しよう」いうムードがありました。

でも、今はどうでしょうか？　外出中に、あなたの携帯電話に内勤スタッフから着信があり、「〇〇さんからお電話です、折り返しをお願いします。番号は、0＊－＊＊＊－＊＊＊＊です」と伝えられたら、「うわ、面倒くさいなぁ。直接、おれの携帯電話にかけて来てよ！」と思うのではないでしょうか？

便利なものが普及していくことを止めることはできないのです。**コロナが収束しても、オンライン肯定派はそのままオンライン商談を続けます。ですから、コロナ前の営業事情にすべてが戻ることはもうない**と考えざるを得ないのです。

これからも営業や経営を続けていく私たちは、オンライン商談を苦手だとか、やりたくないと言っている場合ではありません。そんなことを言っていると時代に取り残されてしまいます。

2 実はこんなにある！　オンライン商談のメリット

オンライン商談には、実はさまざまなメリットがあります。ざっと挙げるだけでも、次の図のように6つのメリットがあります。

まだオンラインで商談したことがない方には、ピンとこない部分があるかもしれませんね。この6つのメリットをひとつずつ詳しく見ていきましょう。

メリット1．移動時間をゼロにできる

言うまでもなく、これがオンライン商談のもっとも大きなメリットです。

営業マンの業務時間は大きく分けると次の3つになります。

- 商談時間
- 社内業務時間
- 移動時間

オンライン商談　6つのメリット

1. 移動時間をゼロにできる
2. 会議室の広さや距離に制約されず関係者全員を集めて商談できる
3. 客先に出向かずにホームグランドで戦える
4. カンニングできる
5. 上司や技術職が同席しやすい
6. 商談の録画を見ながら振り返りができる

　このうちもっとも利益を生まないのが、「移動時間」です。私は、コンサルタントとしてさまざまな企業の営業現場を見ています。私の感覚値で言うと、営業マンの全業務の中に占める「移動時間」は、平均3割、ひどい場合は5割にも達しています。

　コロナ以前、この移動時間はある意味仕方がないものでした。営業は顧客訪問するのが当然で、もし、電話やメールで済まそうとすると、顧客から「手抜きだ」と怒られてしまう時代だったからです。

　しかし、今は、顧客自身が、「来ないでくれ」と言ってくれているのです。だから堂々とコロナのせいにして、こう言えばいいのです。

「お客様、本当はお伺いしてお話したいところなのですが、コロナ下で、政府や行政もできるだけ人との接触を減らすようにと言っていますので、ZOOMで面談しましょう」

きっとお客さんも「そうだね。そうしよう」と言ってくれるはずです。

するとどうでしょうか？ **これまで、往復で相当の時間がかかっていた移動時間がなんとゼロになります。**営業活動が超効率化するのです。

あなたも、コロナ下を移動時間にメスを入れるチャンスと捉えてほしいと思います。

メリット2．会議室の広さや距離に制約されず、関係者全員を集めて商談できる

商談にはさまざまな関係者がいます。特に法人向けの高額商材の場合、設計部、企画部、購買部、製造部、マーケティング部、営業部、情報システム部などなど、実にさまざまな部署の方が、あなたの売りたい商材に関して意見を言うでしょう。こういう時は、できれば、こういった関係者全員に集まってもらって商談して一網打尽にしたいですよね。

しかし、リアル商談の場合は、これが難しかったのです。なぜなら、会議室に入れる人数に限界がありますし、東京で商談するけれど購買部の課長は大阪で勤務してい

る、というように距離が離れすぎていて集まれないといった物理的な制約があるからです。

あなたも経験があるのではないでしょうか?

ある大型案件のプレゼンがとてもうまくいき、その場にいる方は全員、「購入しよう」という雰囲気になったのに、なかなか決定の連絡をもらえない。

窓口担当の方に確認の電話をすると「あー、あの件は見送りになりました!」との回答が。

びっくりして理由を問い詰めると「プレゼンの時にいなかった、○○課長が強く反対してねぇ」・・・こうなると、これまでの苦労が水の泡です。

このようなことにならないように、できるだけ、関係者全員に集まってもらった上で商談をし、顧客先の意見を統一させておきたいところです。

実は、オンライン商談ならそれが可能です。オンラインなら、会議室の広さや距離の制約にとらわれずに、関係者全員に商談に参加いただくことができるからです。

序章 第1章 第2章 第3章 第4章 第5章 第6章 第7章 終章

しかも、オンライン商談の場合、ＺＯＯＭなどのオンライン会議システムのＵＲＬを事前に商談出席者に送る必要があるため、**どの部署のどんな役職の方が商談に出席するかを事前に確認しやすい**のです。

顧客の窓口担当の方に、「ＺＯＯＭのＵＲＬをお送りしますから、商談に参加される方の部署、役職、お名前、メールアドレスをいただけますか？」と言えば、かなりの確率で情報を入手できるはずです。

さらに、この時に、窓口の方に、「設計部の方がおられませんが、参加いただいた方が良いのではないでしょうか？」と商談参加者をリクエストできるかもしれません。

もっと言うと、「このメンバーの中で一番発言権が強いのはどなたですか？」とか「誰と誰はあまり仲が良くないなど、何か踏まえておくべきことがありますか？」のように相手の社内事情に踏み込めるかもしれません。意外にこういった社内事情が商談を決するケースも多いですよね。このような点もオンライン商談の大きなメリットです。

メリット3．客先に出向かずにホームグランドで戦える

メリット3以降は、どちらかと言うと経験の少ない若手営業マンにとっての利点です。

客先に出向くということは、相手の本拠地に乗り込むことです。つまり、完全なアウェイ状態です。緊張もしますし、パソコンをモニターにつないでプレゼンしようとしても、モニターの接続端子が自分のパソコンと合わないものだった・・・というようなトラブルがあったりして、なかなか意のままになりません。

しかし、オンライン商談なら**ホームグランドにいながら、顧客と対話できます。**加えて、オンライン商談は、リアル商談と違って、顧客をリードしやすい面があります。

もしも商談相手がＩＴ音痴なら、チャンスです。商談の冒頭で、「お客様、まずは、画面左下のマイクのマークをクリックしてミュートを解除してください。それができたら次は・・・」と、オンラインツールの使い方を教えて差し上げるだけで、相手をリードすることができ、こちらのペースに持ち込みやすくなります。

また、これは、中小企業の社長さんなどに多いですが、大物感と言えば良いでしょうか、ものすごいオーラをお持ちの方がおられますよね。そういう方と、リアルな場で面と向かって対峙すると、オーラに圧倒されて気後れしてしまい、うまく商談できなくなるケースがありませんか？

こんな場合も、オンライン商談なら、直接対面しませんから、オーラに気後れしなくて良くなるのです。

メリット4．カンニングできる

扱う商材によっては、説明が難しかったり、技術的、学術的な解説を求められたりするケースがあると思います。これらがすべて完璧に頭に入っていれば良いのですが、そうでないケースも多いでしょう。

リアル商談だと、答えられない質問をされたら、「ちょっとお待ちください。調べます。ええっと・・・」とカバンの中の関連資料を見るか、会社に電話して確認することになるでしょう。

こうしたことを繰り返すと、商談のリズムが悪くなりますし、「この営業マン、あんまり勉強してないな・・・」と舐められてしまいます。

しかし、これがオンライン商談ならどうでしょうか？ **オンライン商談はカンニング放題です。**頻繁に質問される資料やデータを、商談しながらさりげなく確認できる場所に置いておけば、あたかも頭の中に入っているように回答できるのです。

メリット5：上司や技術職が同席しやすい

あなたの会社の受注率は何パーセントでしょうか？ 受注率の向上は売上増加に直

結します。

売上＝商談数×商談単価×受注率

もしも、この受注率を高めることができたら良いと思いませんか？

受注率を手っ取り早く高める方法があります。それは、営業マンに、上司や技術職が同行することです。上司や技術職が同行することによって、上司権限でその場で価格提示できたり、営業マン単独では気づかない視点から提案できたりしますから、その分、受注率が高まります。

しかし、こうした同行営業には問題があります。それは、上司や技術職は忙しいので常に営業マンに同行することはできない、という点です。だから、ピンポイントで「ここぞ」という時に同行していたのです。

もうおわかりですね。リアル商談では、わざわざ客先まで訪問する時間を考慮しなければならないので、そうそう頻繁には同行できなかったわけです。

しかし、**オンライン商談なら、移動がありませんから、上司や技術職が商談に同席**

するハードルはかなり下がります。商談の内容によっては、1時間の商談のうち15分だけ参加すれば十分効果があるというケースもあるでしょう。

このように、オンライン商談は、リアル商談よりも、上司や技術職などの社内の総力を結集して受注率を高めやすいというメリットがあるのです。

メリット6：商談の録画を見ながら振り返りができる

オンライン商談では、**ZOOMなどのオンライン会議システムの「ある機能」を上手く活用することで、営業マンの育成スピードを速めることができます。**

その機能とは、「レコーディング機能」です。成長する営業マンは、自分の商談の進め方がどうだったかを後で振り返るという特徴がありますが、リアル商談の場合、その振り返りは自分の記憶に頼る以外にありません。

しかし、多くの場合、その商談をさらにブラッシュアップするヒントは、自分が記憶していない部分にあるものです。しかし、記憶していないものは改善できません。

オンライン商談ならばこの問題を解決できます。録画したオンライン商談を1・2倍速などで見ながら、商談の進め方、トークの順番、相手の質問に対する回答の仕方などを振り返ることで、改善ポイントが明確になり営業マンの商談力を高めていくことができるのです。

振り返りは自分だけでやるのも良いですし、上司と一緒に行うのも効果的です。さらに言うと、営業部門のメンバーで集まって、ある商談を見ながら、「自分ならこうする」という意見を出し合ったり、もう一度この商談をやるとしたらどうやるかをロールプレイするというような勉強会を行うことも効果的です。

あなたの会社も、オンライン会議システムのレコーディング機能を活用した営業マン育成に、チャレンジしてほしいと思います。

以上、リアル商談にはないオンライン商談の6つのメリットをお伝えしました。**オンライン商談にはオンライン商談の良さがあり、その良さを上手く活用することで、あなたの会社の営業力を一層高められる**ということを、ご理解いただけたかと思います。

これからはオンライン商談に苦手意識を持つのではなく、オンライン商談のメリットを活用する、というマインドで取り組んでほしいと思います。

3 知っているだけで大きく差がつく！オンライン商談のコツ

オンライン商談　4つのコツ

コツ1：
端末の音量を最大にし、ハキハキ大きな声で話す。

コツ2：
カメラの位置を目線の高さまで上げる。

コツ3：
身振り手振りを大きくし、3D話法を心掛ける。

コツ4：
顔が暗くならないように照明にも気を配る。

いくらオンライン展示会の記事や動画で見込み客と接点を持ち、その見込み客がオンラインセミナーに参加し、あなたの売りたい商材に好イメージを持ったとしても、最後のオンライン商談で失敗してしまっては売上にはつながりません。

私たちは、オンライン商談の質を高めていくことを避けて通れないのです。

では、どのようにして、オンライン商談の質を高めれば良いのでしょうか？

オンライン商談と言えども商談の一種ですから、その本質は、リアル商談と同じで

オンライン商談は音が命！大きく！

す。ただ、オンラインならではのコツもあります。そのコツとは、上の図の4つです。この4つのコツを実践するかどうかだけで成果が大きく変わってきます。

それでは一つずつ詳しく解説していきましょう。

コツ1：端末の音量を最大にし、ハキハキ大きな声で話す

オンライン商談にとって音は非常に重要です。「聞こえにくいです」と商談相手が言ってくれればよいのですが、まだ相手と関係性ができていない場合は、聞き取りにくいまま会話が進んでしまうケースもあるでしょう。これでは、商談が上手くいくはずがありません。

上から目線にならないように注意

こんなことにならないように、パソコンなどの端末の音量を最大にしましょう。また、マイク付きイヤホンをつけるのも効果的です。

相手にもあなたの声がきちんと伝わるようにハキハキと大きな声で話すことも重要です。普段の商談の1・2倍の声量を意識すると良いでしょう。

コツ2：カメラの位置を目線の高さまで上げる

オンライン商談をノートパソコンの内蔵カメラで行う場合は注意が必要です。普段と同じようにノートパソコンを机に置くと、ノートパソコンのカメラがあなたを下から撮っている状態になります。この状態は、商談相手に「あなたに見下ろされている」と無意識に感じさせてしまいます。これでは、商談が前に進みにくくなってしまいますね。

では、どうすれば良いのでしょうか？　答えは簡単です。ノートパソコンを台の上に乗せて、内臓カメラがちょうどあなたの目線の高さになるようにすれば良いのです。台としては、ティッシュ箱の高さがピッタリです。こういった細やかな気づかいが、オンライン商談の明暗をわけるのです。

コツ3：身振り手振りを大きくし、3D話法を心掛ける

オンライン商談では、パソコン、タブレットやスマートフォンの小さなモニターの中のさらに小さな画面を見ながら会話します。ですから、目線が固定されて、ずっとある一点を見続けることになります。

すると、だんだん飽きてきて集中力が続かなくなります。相手が集中力を欠いた状態では、商談が上手くいくはずはありません。

そうならないように、身振り手振りを意識的に大きくしましょう。ただし、その時に注意点があります。それは、**決して横に動く動作を大きくしてはならない**、という点です。身振り手振りを大きくする時、私たちは、つい横に動いてしまいがちですが、

3D話法で縦に大きく動く

カメラに限界まで近づく

カメラから大きく離れる

これでは逆効果になってしまいます。

というもの、私たちは、横に動くものを見ると、本能的に「軸がブレている」と思うからです。

では、どうすれば良いのでしょうか？

答えは、「縦に動く」ことです。横ではなく縦に動けば良いのです。

「ポイントは3つです」と言いながら、3本指をカメラにギリギリまで近づけたり、「なるほどですね。そうでしたか！」とうなづきながらカメラから思いっきり体を遠ざける、というように縦に動くゼスチャーを取り入れていきましょう。

この方法は3D話法と言います。私は、この方法を、話し方コンサルタントの羽田徹さんに教えてもらいました。

3D話法について、私自身が解説した動画をご用意しています。一層イメージしやすくなると思いますので、こちらからご覧ください。

https://tenjikaieigyo.com/7douga/

コツ4：顔が暗くならないように照明にも気を配る

最後のコツは、顔が暗くならないように照明を利用する方法です。顔が暗いと言っても、表情のことではなく、物理的な明るさのことです。顔が物理的に暗いだけで、あなたやあなたの会社の印象まで暗くなってしまいます。

照明の当て方にもコツがあります。何を考えずに強い光を当てると、光が当たっている部分は明るくなるのですが、その逆方向に濃い影ができてしまいます。ではどうすれば良いのでしょうか？　次ページの図のように照明を当てるのです。

この方法を私は動画プロデューサーでビジネスコーチの染谷美穂さんに教えてもら

顔を明るく映す照明の当て方

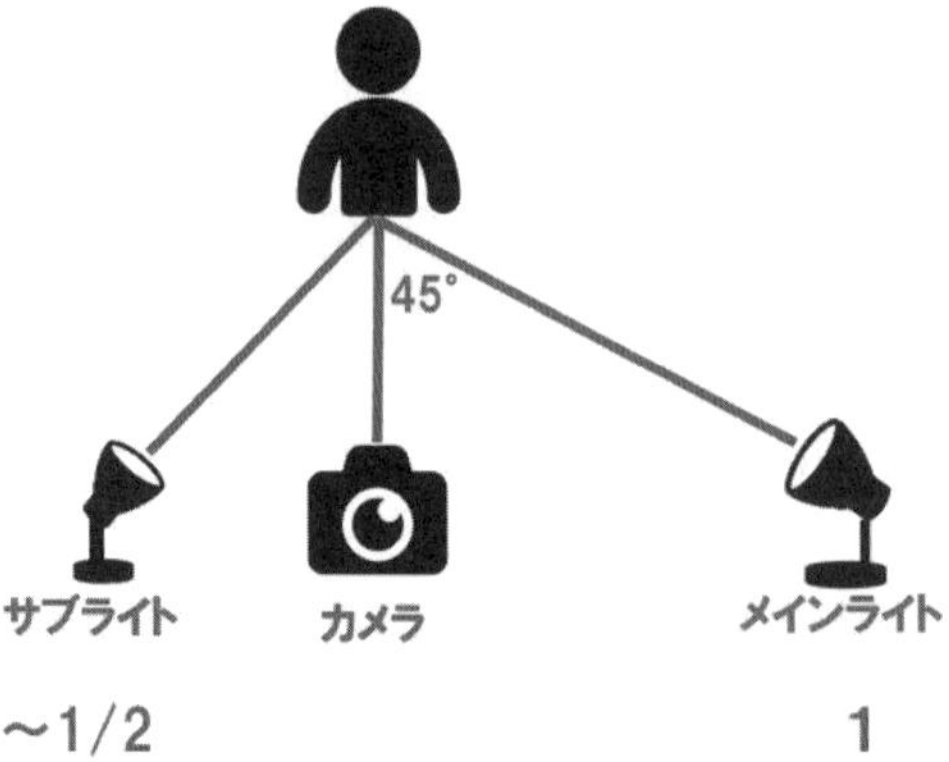

いました。

具体的には、**メインライトとサブライトの2つの照明を用意**します。照明と言っても高価なものは必要ありません。普通の卓上スタンドライトで全く問題ありません。

そして、メインライトを自分とカメラを結ぶ直線から45度の角度に配置します。この時に右側でも左側でもかまいません。水平よりも少し上から顔に光が当たるようにします。こうすると、メインライトが当たっている部分は明るく見えるのですが、逆側に影ができて暗くなってしまいます。

そこで、サブライトの出番です。サブライトをメインライトと逆側から照らすことで影を消しましょう。光の強さは、メインライトを1とするとサブライトは3分の1

から2分の1程度にすると良いでしょう。

このようにするだけで、画面越しの商談相手には、あなたの顔が見ちがえるほど明るく見えているはずです。ぜひ実践してみてください。

照明の当て方について、私自身が解説した動画をご用意しています。一層イメージしやすくなると思いますので、こちらからご覧ください。

https://tenjikaieigyo.com/7douga/

4 商談の本質！ オンライン商談では現状と理想のギャップを共有する

テクニック的なコツだけでなく、オンライン商談の本質についても考えていきましょう。**商談の本質は、実は、リアルもオンラインも同じ**です。

見込み客は、『自前オンライン展示会』の記事や動画であなたの会社のことを知り、オンラインセミナーへの参加を通じてあなたの会社に少し好感を持っているはずです。

このような見込み客に対して、どのように商談すれば良いのでしょうか？

「見込み客との商談ならこれまでもリアルで対面でやってきたよ。それをオンラインでもやればいいんじゃないの？」

あなたはそう思ったかもしれません。もちろん、これまでのやり方で成果が出るのならそれでよいのです。

しかし、**『自前オンライン展示会』で出会った見込み客は、通常の引き合い客よりもニーズが顕在化していないケースが多いという点に注意が必要です。**

通常の引き合い客が、あなたの会社の商材購入をあらかじめ検討している状態で問い合わせをしてきているのに対して、**『自前オンライン展示会』で出会った見込み客は、あなたの会社が発信しているお役立ち情報に反応しただけで、まだ具体的に「買う・買わない」の検討はしていない**ケースが多いからです。

それなのに、普段の商談と同じように、いきなり商材の機能、スペック、価格、納期を説明してしまっては、相手は興ざめしてしまいます。

では、どのようにすれば良いのでしょうか？

見込み客の問題を明確にする

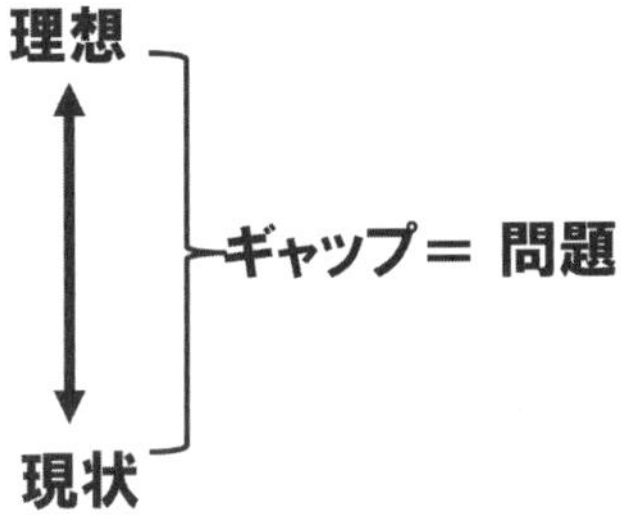

答えは、「見込み客の問題解決を支援する」です。

ここは非常に重要なポイントなので、もう少し深く考えてみましょう。

「問題解決を支援する」とはどのようにすれば良いのでしょうか？

そもそも、「問題解決」における「問題」とは一体、何なのでしょうか？「問題」とは、現状と理想の間にあるギャップのことです。

では、あなたの会社の見込み客は、自社が置かれている現状と理想を正確に把握しているのでしょうか？

多くの場合、把握していないのではないでしょうか？　現状や理想を把握していないということは、その間にあるギャップが見えない、ということです。あなたは、見えないものの解決を支援することができるでしょうか？　できないですよね。

もうおわかりですね。オンライン展示会で接点を持った見込み客に対する商談では、あなたの売りたい商材のＰＲをする前に、まず、**見込み客の現状と理想を明確にしてあげる必要がある**のです。

例えば、見込み客から「困っているんです」、「問題だと感じているんです」という発言が出たとします。

この時にあなたはどうするでしょうか？

「よし来た！　チャンス！」とばかりに、「それならうちの商品で解決できますよ！なぜならうちの商品には特徴があってね、それはなにかと言うと・・・」と商材ＰＲを始めてはいないでしょうか？

これは絶対にいけません。**これでは単なる売り込みです。**真面目な人ほどこうなってしまいがちですので、ご注意ください。

「困っているんです」、「問題だと感じているんです」という発言は、好ましくない現状が表明されたにすぎません。慌ててこの言葉に飛びつかずに、「では、どうなれば良いとお考えですか？」と**一言、聞けば良いのです。**

相手に現状と理想を考えていただくことが重要なのです。もし、相手自身が、「どうなれば良いか」という理想をお持ちでなければ、あなたが一緒に考えてあげれば良いのです。

このようにして、見込み客の抱えている現状と目指しておられる理想を明確にしていき、現状と理想のギャップを埋めるための最適な手段として、あなたの商材を提案するのです。

極端に言うと、見込み客があなたの商材を「ほしい！」とおっしゃったとしても、あなた自身が、自社商材が見込み客の現状と理想のギャップを埋めるための最適な手段だという確信を持てるまでは売らない、というくらいの強いスタンスで良いと思います。

具体的には以下の会話のようなイメージです。

お客さん「その商材がほしい！　買います！」
営業マン「ありがとうございます。でも、なぜ、ほしいのですか？」
お客さん「うちは今、かくかくしかじかで・・・」★←現状
営業マン「なるほど。それなら確かに、うちの商材がお役に立ちそうですね」
「うちの商材を活用して何を実現したいのですか？」
お客さん「○○○な状態になりたいんです。」★←理想
営業マン「わかりました！　お客さんの実現したいことを達成できるように、弊社も全力でお手伝いします！」

会話の最後に、**見込み客と営業マンが、「実現したいこと＝理想」の達成を共に目指す同志になっている**ことにお気づきになったでしょうか？

「実現したいこと＝理想」を買い手任せにせず、買っていただく時に売り手もきちんと把握しておくことが重要なのです。

そして、買っていただいた後も、売りっぱなしにせず、「実現したいこと＝理想」

が、実際に達成できたかどうかを顧客に聞きにいきましょう。

「え？　そんなの聞きに行って、もし達成できてなかったら、クレームになるのでは？」

いいえ、その心配は杞憂です。もし、残念ながら達成できていなかったとしたら、あなたは、こう言えば良いのです。

「え！　そうなんですか？　くそ～・・・ぼくも悔しいです！　どうやったら達成できるか？　トコトン一緒に考えましょう！」

もちろん、達成できていれば、こう言いましょう。

「やった！　ぼくもうれしいです！　よろしければ、「顧客の声」としてインタビュー動画を撮影させていただけませんか？」

このように、**「実現したいこと＝理想」が達成できればともに喜び、達成できなければともに悔しがる、まさに同志として顧客と接していれば、あなたの会社は顧客にとってなくてはならない頼れるパートナーになっている**はずです。

5 オンライン商談の限界を超える「あなたのためだけに撮った動画」という発想

オンライン商談もリアルな商談もその本質に違いがないことをおわかりいただけたと思います。

ただ、**オンライン商談にはやはり限界があります。**それは、次の2点です。

1．集中力が続かない

2．今ひとつ親密になれない

この限界を乗り越えるために、あなたにぜひ活用していただきたいのが、「**あなたのためだけに撮った動画**」です。

会社案内や自己紹介、商材のスペックの説明など、誰と商談する場合にも必ず伝えることは、あらかじめ動画にしておきましょう。そしてその動画を見込み客にメール送信し、商談前に見ておいてもらうのです。

このようにすれば、オンライン商談の時間を短縮できますし、仮に見ていただいていない場合でも、**「あまり長くなってしまうとお疲れになるでしょうから、今は、ざっくりご説明します。詳細は、メールでお送りしている動画をご覧ください」**と言えば、あなたの配慮が伝わります。このようにして、「集中力が続かない」というオンライン商談の限界を乗り越えるのです。

この時に、単なる出来合いの動画ではなく、「あなたのためだけに撮った動画にする点も重要なポイントです。

「あなたのためだけに撮った動画」ですから、

「○○さん　動画を見てくれてありがとうございます！」

「□□を経営理念としておられる御社なら・・・」

というように、**動画の中で商談相手の名前を呼びかけたり、その相手の特徴や自分との関係を盛り込みましょう。**

このように「あなたのためだけに撮った動画」を活用して、「今ひとつ親密になれない」というオンライン商談の限界も克服するのです。

「そんなこと言われても、撮影するスキルがないし、どうしたらいいんだろう」

こう思った方も安心してください。パワーポイントなどでプレゼンをすれば、それがそのまきちんとした動画になる簡単なやり方があります。動画撮影には慣れていなくても、パワーポイントなどでのプレゼンなら日常的に客先や社内でやっている、という人も多いと思います。あなたがいつもやっているようにやれば良いだけなので、全く難しくありません。

しかも、重要な言葉や覚えてもらいたいキーワードはパワーポイントで表示すれば良いので、動画編集作業をしてテロップを追加する必要もありません。

そのやり方を私自身が動画で解説していますのでご覧ください。

https://tenjikaieigyo.com/7douga/

このやり方で、見込み客に送るメール文面をつくるのと同じ感覚で、営業マン一人ひとりが動画を撮影していけば良いのです。

以上、本章では、オンライン商談のメリット、コツ、限界、その乗り越え方について商談の本質を含めてお伝えしてきました。

オンライン商談は、『自前オンライン展示会』で接点を持った見込み客を顧客化し売上につなげていくために非常に重要です。さらに言うと、**オンライン商談は、本質を踏まえて上手く活用すれば、コロナ以降の世界を切り開く強力な武器**になります。

繰り返しになりますが、コロナが収束してもオンライン化の流れは止まりません。すぐにでも**オンライン商談を試して、あなたの会社の営業部隊の強みにしていただきたい**と思います。

終章

ピンチはチャンス！
コロナを会社が
強くなるきっかけにする

1 学園祭効果を最大限活かす！

ここまで『自前オンライン展示会』を開催し、DX化を実現しながら、コロナ下などの非常事態でも顧客を獲得し売上を増やしていく方法についてお伝えしてきました。この『自前オンライン展示会』の開催には、全体を通して非常に重要なポイントがあります。それは、『自前オンライン展示会』の開催を**単なる営業部門の一施策と考えてはもったいない**、という点です。

逆境でも勢いを失わない強い会社になるために、**『自前オンライン展示会』開催を「会社を変える取り組み」と位置付け**てほしいのです。

具体的には、『自前オンライン展示会』を、営業部門やマーケティング部門だけで進めるのではなく、設計・開発、製造、調達・購買、総務・経理など、全部門を巻き込んで取り組みましょう。

つまり、**部門横断的なプロジェクトチームを結成し、このプロジェクトメンバーで、**

役割分担を決めて、定期的にミーティングしながら『自前オンライン展示会』を進めていくのです。

もちろん、社長はプロジェクトオーナーとして毎回このミーティングをオブザーブします。プロジェクトメンバーの人数は、目安として3人から12人程度と考えると良いでしょう。

私が、『自前オンライン展示会』開催を支援するときは、必ず、この部門横断的なプロジェクトチームを結成していただいています。

すると、いつも、おもしろいことが起こります。**社内のコミュニケーションが増え、風通しが良くなり、組織が活性化してくる**のです。

あなたは、学生時代、文化祭などの学園祭の準備をしたことがあるでしょうか？　その時のことを思い出してみてください。

放課後、クラスで学園祭の準備をしたあの経験です。夢中で準備を進めているうちに、日ごろはあまり親しくなかったクラスメイトとも気づかないうちに積極的にコミュニケーションを取っていたのではないでしょうか？　その想いは共通です。

「学園祭を良いものにしたい、でも、なんとか期限に間に合わせなくては・・・」

この葛藤の中で、時にはクラスメイトと激論になったこともあったかもしれません。でもそういう経験を通して、クラスの一体感が格段に高まったはずです。

中小企業における『自前オンライン展示会』開催も、まさにこのようにするべきなのです。

人がたくさんいる大企業とちがって、中小企業は、一人ひとりがまじめに仕事をするだけでなく、部門を越えて社員同士が侃々諤々とコミュニケーションを取りながら、全社一丸となって仕事に取り組んでいくことが絶対に必要です。

ぜひ、**学園祭効果**をフル活用していきましょう。

2 中小企業のDX化は実務ベースで行う

本書の「はじめに」でもお伝えしましたが、DX（デジタルトランスフォーメーション）は、今後の企業の生き残りの鍵であり、中小企業であっても無視できるものではありません。

ただ、人手や資金に余裕がない中小企業では、ＤＸ推進部門を新設したり、ＤＸ専任担当を任命したり、大きなＩＴ投資をしたりすることは物理的に難しいと言わざるをえません。

では、中小企業は、ＤＸ化を諦めるしかないのでしょうか？

決してそんなことはありません。ＤＸ化のためにわざわざ人材を確保したり、ＩＴ投資をするのが難しいのは実務があるからです。企業は日々の実務によってお金を生み出します。だからこそ、中小企業では、日々の実務を回していくための人材や投資が優先され、ＤＸ化まで手が回らず後回しになってしまうのです。

それならば、**その実務を日々行うことによって、結果的にＤＸ化が進むような実務をつくってしまえば良い**のです。

勘の鋭い方は、もうお気づきかもしれません。**その実務こそが、「『自前オンライン展示会』の開催」**なのです。しかも、第二章から第四章で見てきた通り、『自前オンライン展示会』を開催する一連の取り組みの中で、きめ細かな対応力や小口受注に対する高い柔軟性など大企業にはない、中小企業ならではの強みをフル活用することができます。

序章　第1章　第2章　第3章　第4章　第5章　第6章　第7章　終章

DX推進のための経営のあり方、仕組み

（1）DX推進のための経営のあり方、仕組み

- 1．経営戦略・ビジョンの提示
- 2．経営トップのコミットメント
- 3．DX推進のための体制整備
- 4．投資等の意思決定のあり方
- 5．DXにより実現すべきもの：スピーディーな変化への対応力

経済産業省
「DX推進ガイドライン」
2018年12月より

『自前オンライン展示会』開催5フェーズが経済産業省「DX推進ガイドライン」と合致

経済産業省
「DX推進ガイドライン」

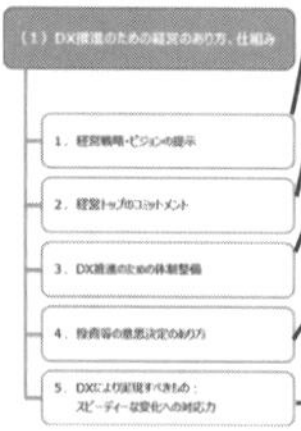

『自前オンライン展示会』開催5フェーズ

フェーズ 1　コンセプトの策定
「出展コンセプト検討シート」からコンセプトを導き出す

▼

フェーズ 2　社長がプロジェクトオーナー就任
社長がプロジェクトオーナーとして目的・目標を設定する

▼

フェーズ 3　プロジェクトチーム発足
部門横断的にメンバーを人選しチーム編成を行う

▼

フェーズ 4　サイト、オンラインツール等の投資判断
WEBサイトやオンラインツール等、必要に応じて投資を意思決定

▼

フェーズ 5　既存の枠組みを超えた他社との連携
不確定要素を乗り越えスピード感を持ったアライアンス交渉

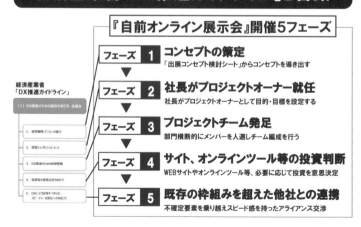

右の図をご覧ください。経済産業省の「DX推進のための経営のあり方、仕組み」における「1．経営戦略・ビジョンの提示」、「2．経営トップのコミットメント」、「3．DX推進のための意思決定のあり方」が、自前オンライン展示会の開催5フェーズのフェーズ1からフェーズ3である「1．コンセプト策定」、「2．社長がプロジェクトオーナー就任」、「3．プロジェクトチーム発足」とピッタリ合致するのは、「はじめに」でお伝えした通りです。

さらに、『自前オンライン展示会』の準備を進めていくと、例えば、

・オンライン展示会サイト構築のための費用
・動画撮影のためのスマートフォンやカメラ
・動画編集ソフト
・見込み客にメールを送るためのメール配信スタンド
・見込み客の属性データを管理するための顧客データベース
・ZOOMなどのオンライン会議システムの整備

などの投資が必要になるケースもあります（ほとんど無料ツールで対応可能です）。

このような**取り組みを通して、「4．投資等の意思決定のあり方」も自然と固まってくる**のです。

そして、**『自前オンライン展示会』の開催を通じて、「5．スピーディーな変化への対応力」も養われていきます。**

例えば、『自前オンライン展示会』で行うオンラインセミナーでは、自社だけではなく、オンライン展示会のコンセプトと関連があり自社と競合しない企業にも登壇を依頼し、成果を加速させることは第6章でお伝えした通りです。

こうした取り組みは、既存の枠にとらわれず、自社のビジネスを変革していくという意味においてまさにDX的ですが、このような他社との連携には、その交渉の過程でさまざまな不確定要素に対してスピード感を持って乗り越えていく必要があります。もたもたしていては、ご破算になってしまうかもしれません。**こうした経験を通して、「3．スピーディーな変化への対応力」が養われる**のです。

いかがでしょうか？ **『自前オンライン展示会』開催の5フェーズが、経済産業省の「DX推進ガイドライン」の「DX推進のための経営のあり方、仕組み」と見事に符**

合しているのです。

私が、**『自前オンライン展示会』の開催という実業務に取り組むことがそのまま、DX化につながる**とお伝えしている意味をおわかりいただけたのではないでしょうか？

『自前オンライン展示会』開催に取り組んでいきさえすれば、それがそのまま自然と社内のDX化に直結するのです。もちろん、それだけで万事OKというわけではありませんが、社内のDX化が、一気に加速することは間違いありません。

あなたも、『自前オンライン展示会』開催を通じて、社内のDX化をスムーズに進めてほしいと強く思います。

3 リアル展示会との相乗効果を生む

あなたは、もしかすると、私のことを、リアル否定派のオンライン礼賛主義者だと思っておられるかもしれませんね。本書では、一貫して『自前オンライン展示会』についてお伝えしてきましたので、そうお感じになるのも無理もないと思います。

しかし、決してそんなことはありません。昭和の第2次ベビーブーム期に産まれた私は、アポなし飛び込みが当たり前のドブ板営業マン出身で、昭和のリアル営業の申し子のような存在です。

つまり、リアルコミュニケーションが原点の人間です。だから、目で見て、耳で聞いて、鼻で匂って、舌で味わって、手で触れることができるリアル展示会のコンサルティングに生きがいを感じているのです。

※失敗だらけの営業マンだった若き日から日本唯一の『展示会営業®コンサルタント』になるまでの、**私の人生ストーリーは拙著「最新版　飛び込みなしで新規顧客がドンドン押し寄せる展示会営業術」（ごま書房新社）に詳しく書いています。また、こちらのサイトでも抜粋して公開しています**ので、ぜひご覧になってください。

https://tenjikaieigyo.com/hiwahistory/

第1章でも触れた通り、2020年9月以降、リアル展示会が復活しつつあります。

「え？　コロナ下でリアル展示会が成立するのですか？　誰も来ないんじゃないです

か？」と良く聞かれますが、**成立するどころか、コロナ以前よりも大きな成果を出している企業もある**、というのが実態です。

確かに、コロナ下ですから来場者は減っています。しかし、そんな中でもわざわざリアル展示会に参加する来場者は、極めて質が高いのです。

息抜きや遊びで来ている冷やかし客がいなくなって、展示会のテーマに高い関心を持っていたり、解決すべき課題を抱えていたり、決裁権があり購買意欲が高かったりする、いわゆる**優良客だけが来場**しているのです。だからでしょうか？　コロナ以前よりも、来場者の歩くスピードが緩やかになったように思います。

一方で、出展社は減っています。コロナを理由に、出展を取りやめる会社があるからです。すると、どうなるでしょうか？　そうです。**コロナ下の展示会は、良質な来場者を少ない出展社が分け合うという非常においしい状態になっている**のです。

コロナ下の展示会の実態について、私が現場で取材して動画にしています。より具体的にイメージしていただけますので、こちらの動画をご覧ください。

https://tenjikaieigyo.com/7douga/

コロナ禍のリアル展示会では ブースでのセミナーが有効

トレードログ株式会社、株式会社リッカのブース　2020年10月28日　幕張メッセ

余談ですが、**コロナ下でのリアル展示会では、ブースでセミナーを行うのが非常に効果的**です。ちなみに、リアル展示会の際にブースで行うセミナーも、第6章でお伝えしたオンラインセミナーのつくり方とまったく同じ方法でつくることができます。

コロナ下の展示会ブースでのセミナーが効果的なのには理由があります。コロナ以前は、冷やかし客を含めた来場者がごった返していて、ブース前でセミナーを行っても人混みに埋もれてしまいがちでした。また、多くの来場者が足早に歩いていたため、せっかくセミナーを行っても通り過ぎてしまうことが多かったのです。

しかし、コロナ下の展示会では、来場者の絶対数が減っていますし、歩く速度もゆるやかです。**展示会場をゆっくり歩いている来場者が、セミナーで話している声に誘われてブースに立ち寄る、という流れをつくりやすくなっている**のです。

実際に、弊社の展示会営業®コンサルティング研修を受講されたトレードログ株式会社さんや株式会社リッカさんは、コロナ下の展示会でセミナーを行うことにより大きな成果を上げておられます。

リアル展示会は、中小企業にとって販路開拓の絶好の機会です。そして、拙著「展示会のプロが発見！　儲かっている会社は1年に1回しか営業しない！」（ごま書房新社）でもお伝えしたとおり、人手も資金も不足している中小企業であっても、お金をかけなくてもやり方次第で、大企業に勝つことができる痛快な営業方法でもあります。もし、あなたの会社が、リアル展示会出展の経験がないなら、それは大きな伸びしろです。ぜひ出展にチャレンジしてほしいと思います。

私は、リアル展示会がコロナ下でもたくましく開催されていることを心からうれしく思います。しかし、一方でこうも思うのです。

「**コロナを経たリアル展示会は、コロナ以前とは別のものになる**のではないだろうか？」

事実、第一章でお伝えしたとおり、コロナ以降で開催されるリアル展示会の多くは、オンライン展示会を併設しています。

ラスベガスで行われる世界最大の技術見本市「ＣＥＳ」も２０２２年は、リアル展示会とオンライン展示会を併設することを明言しています。

今後、リアル展示会で成果を出すためには、併設されるオンライン展示会をどのように活かすか？　ということを踏まえて考える必要があるのです。

もうお気づきですね。だからこそ、『自前オンライン展示会』なのです。**『自前オンライン展示会』を開催しておけば、その際につくったコンセプト、ブログ記事、動画、お役立ち資料をそのままリアル展示会併設のオンライン展示会に転用できます。**

さらに言うと、もっと根本的なところで、**『自前オンライン展示会』は、リアル展示会と相性が非常に良い**のです。なぜなら、次の2つのパターンで見込み客を顧客化できるからです。

わかりやすくするために『自前オンライン展示会』を開催している会社をA社とし

◆パターン1
（『自前オンライン展示会』が起点になる場合）

見込み客が自社の悩みの解決策をWEBで調べていると、A社の『自前オンライン展示会』に出会う

↓

『自前オンライン展示会』の記事や動画から解決策のヒントを得て、A社に少し好意を持つ

↓

『自前オンライン展示会』のオンラインセミナーにも参加してA社のファンになる

↓

A社からリアル展示会の招待メールが届いたので、リアル展示会に出向きA社のブースに立ち寄る

↓

リアル展示会で、初めてA社の商材を手で触れたり、A社社員と直接対話したりし、購買意欲が高まる

↓

商談を経てA社の商材を購入する

◆パターン2（リアル展示会が起点になる場合）

リアル展示会のテーマに興味があり、参加する

↓

展示会場を回遊しているとA社ブースが目に留まり、立ち寄る。

↓

ブースでA社スタッフの説明を受けたり、商材に触れたりして少しA社に興味を持つ

↓

展示会終了後、A社からZOOMミーティングを依頼されたが、今すぐ必要とは思わなかったので断る

↓

A社から記事更新のお知らせメールが来たので、A社の『自前オンライン展示会』を見てみると役に立つ記事や動画がたくさんあることに気付く

↓

『自前オンライン展示会』のオンラインセミナーに参加し、A社商材の購買意欲が高まる

↓

ZOOMでのオンライン商談を経てA社商材を購入する

て表現してみましょう。

いかがでしょうか？　リアル展示会とオンライン展示会の両方で接点を持ち、リアルとオンラインを行ったり来たりしながら、だんだんA社に好意を持ち、最終的にA社商材を購入する見込み客の姿をイメージできたのではないでしょうか？

このように、『自前オンライン展示会』は、リアル展示会出展と非常に相性が良いのです。

しかも、『自前オンライン展示会』を開催していれば、リアル展示会の準備は、ほぼできたも同然です。コンセプトはそのまま転用できますし、ブースでの情報発信は、『自前オンライン展示会』でつくった記事、動画やセミナーの内容を流用できるからです。

私自身、このことは今回のコロナ下で得た大きな気づきでした。コロナ以前の私は、展示会営業®コンサルタントとして、「せっかく展示会に出展するのだから、成果が最大化するようにしっかり準備して臨みましょう」と言ってきました。

今でもこの気持ちは変わりません。しかし、コロナを経てさらに、この想いは進化

リアル展示会との相乗効果を出す

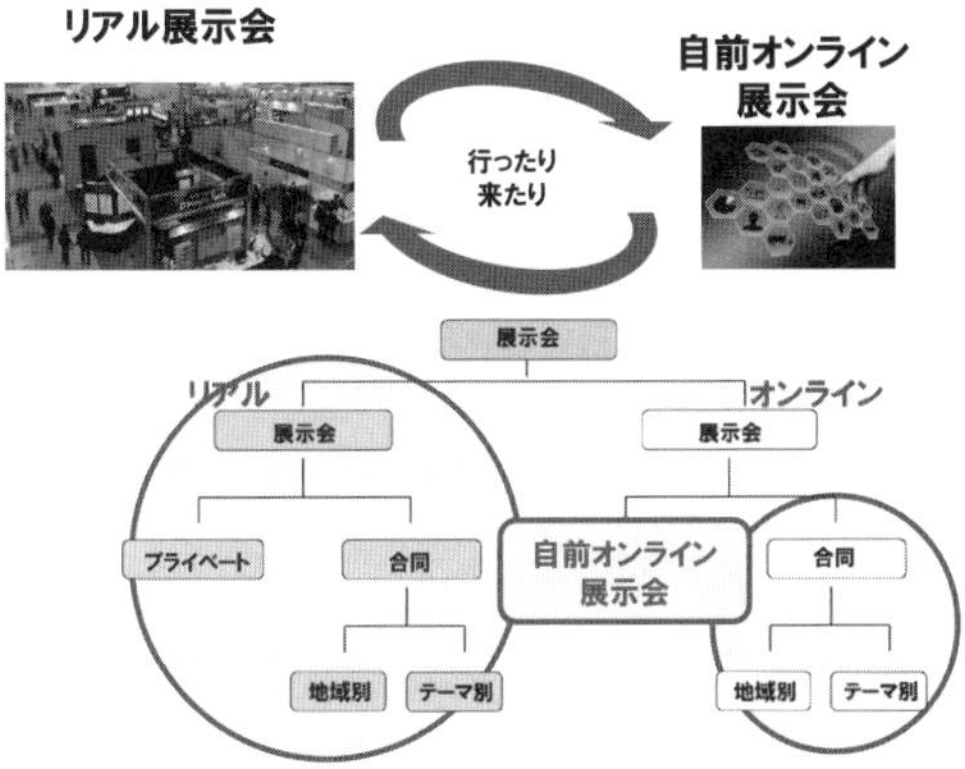

しました。今では、私はこうお伝えしています。

「せっかく（リアル）展示会に出展するのだから、成果が最大化するように、しっかり準備して臨みましょう。そして、その準備期間中に、『自前オンライン展示会』を立ち上げましょう」

また、こうもお伝えしています。

「『自前オンライン展示会』の開催を通して、スムーズに社内のＤＸ化を実現しつつ、災害など不測の事態があっても自力で顧客獲得できるようにしましょう。そして、そこで得た知見を転用して、リアル展示会の出展にもチャレンジしましょう！」

おわりに
DX化をスムーズに実現し、他者に依存しない強い会社になる

本書を最後までお読みいただきありがとうございました。

文中でも述べましたが、コロナがいつまで続くのか、確定的なことは誰にもわかりません。この原稿を書いている2020年秋時点では、ヨーロッパでは都市封鎖が再試行され、日本でも感染者が急増する状況になっています。

このような状況を踏まえて私は、**コロナの収束を「前向きに諦める」ことを提案します。**その上で、永久にこの状態が続いたとしても業績を上げ続けることができる強い会社を目指すべきなのです。

私たち人類は、これまでもピンチをチャンスに変えてきました。

アイザック・ニュートンは、ペストの大流行による大学の休校期間中に、落ちるリンゴを見て万有引力の法則を発見しました。

オイルショックの時、日本人は石油の供給が止まるのではないかと大混乱になりながらも、必死で省エネ技術を向上させ苦境を乗り越えました。

全世界を経済危機に陥れたリーマンショックをきっかけとして、これまで世になかった革新的なサービスを提供する会社が多数生まれています。

民泊サービスのＡｉｒｂｎｂ（エアビーアンドビー）、格安ネット印刷のラクスル株式会社、クラウド仕事依頼サイト運営ランサーズ株式会社などは、リーマンショックが起こった２００８年９月前後に創業しているのです。

私たちは、コロナもチャンスに変えるべきなのです。

２０２０年冬の今、テレビ、新聞、雑誌などで「コロナ禍」というワードを目にしない日はありません。

「禍」という文字には、「よろこばしくない事柄」、「災難」という意味があります。でも、新型コロナウィルスは事実でしかありません。それをどう解釈するかは、私たち自身が自分で決めることができます。ひとつ提案があります。今後は、「禍」という文字を「チャンス」と読み替えませんか？

「コロナ禍」という言葉を目にした人が、そのたびに「コロナ禍（チャンス）」と心の中で唱えれば、世界がもっと前向きになるのではないでしょうか？

企業が、コロナをチャンスに変えるためにとても重要なことがあります。それは、社内に勢いを取り戻す、ということです。

では、どのようにすれば勢いを取り戻すことができるのでしょうか？　その答えは**他者に依存しない**、ということです。

私は、今回のコロナでそのことを痛感しました。展示会に向けて準備万端整えても、肝心の展示会が中止になってしまっては成果を出すことはできません。

コロナ下によって2020年3月から7月まで5か月もの間、ほぼすべての大規模展示会が中止になりました。展示会の中止の判断をするのは展示会主催者です。出展社がどんなにがんばっても主催者の判断をくつがえすことはできません。これは、展示会開催・中止の判断を主催者という他者に依存している状態です。

この状態で中止が発表されても、出展社は「仕方ないなぁ」「どうしようもないもんなぁ」とつぶやくしかありません。こうして停滞ムードが漂い、社内から勢いがなくなるのです。

そうならないためには、他者に依存せず、自社でコントロールできる範囲を増やす

ことです。

『自前オンライン展示会』開催は、まさに、自社でコントロールできる範囲を広げていく取り組みです。

見込み客との接点づくりから受注までを、他者に依存せず、すべて自社で自力で行うことができるのが、『自前オンライン展示会』の最大の利点です。

自社でコントロールできる範囲を拡大し、自力で顧客獲得していく体制を整え、それを粛々と実行していくことで、必ず、社内に勢いを取り戻すことができます。

1995年1月17日、阪神淡路大震災が起こりました。

私は、当時何の力もないただの大学生でしたが、それでも、「何かしたい」、「避難所の人たちに少しでも元気になってほしい」、と考え、大学の仲間と一緒に、ボランティア活動に熱心なシンガソングライターの泉谷しげるさんのチャリティーライブを開催しました。

当日の会場には、一瞬でもつらいこと、悲しいことを忘れて、本当に楽しんでおられる避難所の方々の姿がありました。私は、この時の、人と人が同じ場に集まり、逆境を乗り越えていく姿を決して忘れることができません。

私たちは、これまで、一か所に集まって励ましあうことで、災害や苦境を乗り越えてきました。コロナがもっともやっかいなのは、未曾有の災害なのに、こんなに苦しいのに、人と人が集まれない、という点だと私は思います。

しかし、25年前の阪神淡路大震災のころとは違い、今は、デジタル技術が飛躍的に発展しました。物理的には集まれなくても、ＹｏｕＴｕｂｅやＺＯＯＭなどのデジタルツールを活用すれば、オンラインで集まることができるのです。

私自身、そのことを強く実感しました。私が主催した「リモート営業オンライン展示会」のオンラインセミナーでは、第1章でお伝えした通り、4時間もの間、１００人以上の方に視聴いただきました。この時、私は、3時間を超えたあたりから、だんだん、１００名超の参加者の方々とリアルで集まっているような錯覚にとらわれたのです。１００名超の参加者さん達と、力を合わせてコロナを乗り越えていく、リアルな集会をしているような一体感を持ったのです。

これこそが、デジタル技術の持つ底知れないパワーであり、私たち中小企業がＤＸ化を通して手に入れていくべき武器なのだと思うのです。本書でお伝えした手順で『自前オンライン展示会』を開催することで、あなたも必ずスムーズにこうした武器を手に入れることができます。

最後に、本書の出版にあたりましては、本当にたくさんの方々のご協力をいただきました。この場を借りて御礼申し上げます。

はじめに、分刻みのスケジュールの中、弊社主催の『自前オンライン展示会』のオンラインセミナーの基調講演に登壇くださり、私との対談や本書の帯推薦をいただきました未来調達研究所株式会社の坂口孝則様、深く感謝申し上げます。

営業ムダ取り®コンサルタントの世古誠さんとの営業談義によってこの本は生まれました。夜通しの議論に何度も付き合っていただき、ありがとうございます。

株式会社エクスウィルパートナーズ・志師塾の五十嵐和也社長、株式会社アームズ・エディションの菅谷信一社長、株式会社ハートランドの潮凪洋介社長、インタメクラブ主宰・株式会社インタメプロダクションの渋谷文武社長ほか、たくさんの方には日頃よりお世話になり、深く感謝しております。

私がコンサルタントとしてなんとかやっていけているのは、すべて株式会社NＩコンサルティングの長尾一洋社長にご指導いただいたおかげです。心から感謝しております。

また、本書への実名掲載を快諾いただいたトヨセット株式会社様、浜口ウレタン株式会社様、トレードログ株式会社、株式会社リッカ様、深く感謝申し上げます。
そして、5作連続で編集を担当してくださった、版元のごま書房新社編集部の大熊さん、いつもご指導いただき感謝しております。
他にもここには書き切れませんが、展示会営業®ノウハウを一緒に進化させていってくださるクライアント企業の社長様、社員の皆様、出版にあたって私を応援してくれた仲間のみんな、私を育ててくれた両親、いつも私を支えてくれる妻、そして何より今この本を手にとってくださっている皆様に、心から感謝を捧げます。

私は、リアルの展示会や『自前オンライン展示会』は、中小企業が自社の想いや志を世の中に堂々と宣言する最高の場だ、と信じています。

あなたの会社が、スムーズなDX化を実現し、コロナをチャンスに変えて、勢いのある強い組織として力強く業績を向上されることを、心から応援しています。

2020年12月　新宿の自宅兼オフィスより

展示会営業®コンサルタント　清永 健一

◆ 参考文献 ◆

「DX推進ガイドライン」経済産業省

「令和元年度情報通信メディアの利用時間と情報行動に関する調査」総務省

「『日本企業の経営課題2020』調査結果【第2弾】DX（デジタル・トランスフォーメーション）の取り組み状況」一般社団法人日本能率協会

「コロナ下における中小企業営業部門のDX化の実態調査」（株）展示会営業マーケティング

「戦略の見える化」長尾一洋（著）アスコム

「小さな会社こそが勝ち続ける 孫子の兵法経営戦略」長尾一洋（著）明日香出版

「激動社会の中の自己効力」アルバート・バンデューラ（編集）本明寛、春木豊、野口京子、山本多喜司（訳）金子書房

「稼ぐ人は思い込みを捨てる。みんなの常識から抜け出して日本の真実を見るスキル」坂口孝則（著）幻冬舎

「1年仕事がなくても倒産しない経営術」坂口孝則（著）ハガツサブックス

「やってる人は稼いでる！ ビジネスYouTube入門」菅谷信一（著）スタンダーズ

「Youtubeだからできる！ テレワーク営業術」菅谷信一（著）辰巳出版

「パブリック・スピーキング最強の教科書」小山竜央（著）KADOKAWA

「人生は「書くだけ」で動き出す」潮凪洋介（著）飛鳥新社

「カリスマ講師 THE バイブル」渋谷文武（著）サンクチュアリ出版

「チバテレ売れっ子プロデューサーが教える言ったもの勝ち！「勝手に」演出術」大林健太郎（著）秀和システム

「相手のキャラを見きわめて15秒で伝える！ 最小の手間で、最高の結果を出す方法」羽田徹（著）ダイヤモンド社

「テレワーク時代に売上を伸ばす「営業ムダとり」戦略」世古誠（著）ごま書房新社

「先生ビジネスマーケティングの教科書」五十嵐和也（著）秀和システム

「営業のゲーム化で業績を上げる」長尾一洋・清永健一（著）実務教育出版

～本書の読者様限定　無料特典～

著者自身が講師を務める
オンライン展示会営業®セミナー
〈先着100名様　無料ご招待〉

著者である清永健一自身が講師を務める、非常事態、接触自粛でも、顧客獲得し売上を増大させる日本唯一のノウハウをお伝えするオンラインセミナーです。

生々しすぎて書籍では書けなかった裏事情なども数多くお伝えします。

毎月1回開催しています。セミナーでしかお伝えしていない生のノウハウを手に入れてください。

https://tenjikaieigyo.com/seminart/

から、お申込みください。

※必ず、紹介者欄に、「書籍特典DX」とご記入ください。。
書籍購入者さま限定特典により、無料ご招待となります。
※先着100名様になり次第無料特典は終了させていただきます。

展示会営業®
売上アップ実践会

出展コストの33倍売る！展示会営業®
https://tenjikaieigyo.com/

展示会営業®
マーケティング

◆プロフィール

著者　清永 健一（きよなが けんいち）

株式会社展示会営業マーケティング代表取締役。展示会営業®コンサルタント、中小企業診断士。奈良生まれ、東京在住。神戸大学経営学部卒業後、リクルート映像、メガバンク系およびIT系コンサルティング会社など複数の企業で手腕を発揮し、2015年に独立、（株）展示会営業マーケティングを創業する。「展示会やオンライン展示会を活用した売上アップの技術を伝える日本唯一の展示会営業®コンサルタント」として活躍中。

中小企業への売上サポート実績は1300社を超える。また、先生業の顧客獲得で1500件の実績を有する志師塾の統括講師も務めている。

メディアでは、展示会の第一人者として、民放テレビ番組、NHKラジオ、ビジネス誌などに出演、いま話題のアナリストとして業界活性化に尽力している。行政、公益法人、金融機関、各地の商工会議所ほか、講演実績多数。

著書に『飛び込みなしで「新規顧客」がドンドン押し寄せる「展示会営業®」術』、『展示会のプロが発見！　儲かっている会社は1年に1回しか営業しない！』（共にごま書房新社）ほか、累計7作。

●著者ホームページ（取材・セミナー依頼はこちら）
・株式会社展示会営業マーケティング　https://tenjikaieigyo.com/
・【清永健一】Facebook　https://www.facebook.com/kenichi.kiyonaga
・【清永健一】公式YouTubeチャンネル　https://bit.ly/33X10wO

中小企業の「DX」営業マニュアル
～「オンライン展示会」をきっかけにしたスムーズな営業改革術～

著　者　清永 健一
発行者　池田 雅行
発行所　株式会社 ごま書房新社
〒101-0031
東京都千代田区東神田1-5-5
マルキビル7F
TEL 03-3865-8641（代）
FAX 03-3865-8643
著者近影　タツ・オザワ
編集協力　河西 麻衣
カバーデザイン　堀川 もと恵（@magimo創作所）
印刷・製本　精文堂印刷株式会社

ISBN978-4-341-08779-1 C0034